Tessloffs schlaues Antwortbuch

WARUM?

Tessloff

Burgschmietstr. 2 – 4, 90419 Nürnberg
http://www.tessloff.com

ISBN 3-7886-0397-6

Aus dem Englischen von Lioba Schafnitzl und Regina Schneider (S.7 – 35, 101 – 125)

Gestaltung der Reihe:
David West Children's Books
Titel der Originalreihe: "I Wonder Why"

Published by arrangement with Kingfisher Publications plc

Urzeit

Länder und Leute

Wüsten

Bauwerke

Krabbeltiere

Urzeit

Was ist Vorgeschichte?

Unter Vorgeschichte oder Urzeit versteht man den Zeitraum von der Entstehung der Erde bis zur Erfindung der Schrift vor rund 5500 Jahren. Danach begannen die Menschen, persönliche Erlebnisse und ihre Geschichte schriftlich aufzuzeichnen.

Die so genannte Keilschrift war die erste Schrift, die aus Zeichen bestand. Sie wurde von den Sumerern entwickelt, einem Volk, das im heutigen Mittleren Osten lebte.

Jn diesem Buch steht die Abkürzung „Mio." für „Millionen".

Die Erde entstand vor rund 4600 Mio. Jahren aus einer Wolke aus Staub und Gas, die um die Sonne kreiste.

● Bevor man Ende des 18. Jahrhunderts mit der wissenschaftlichen Untersuchung von Fossilien begann, glaubten manche Menschen, Fossilien seien Tiere, die von den Strahlen der Sonne zu Stein gebacken wurden.

Woher wissen wir vom Leben in der Urzeit?

Wie Detektive setzen Forscher in mühsamer Kleinarbeit Fossilien zusammen und untersuchen alle Spuren. Fossilien sind versteinerte Überreste von Tieren und Pflanzen, die vor Jahrmillionen gestorben sind.

● Die meisten Fossilien entstehen, wenn eine Pflanze oder ein totes Tier auf den Grund eines Gewässers oder des Meeres sinkt und dort unter Sand- oder Schlammschichten begraben wird.

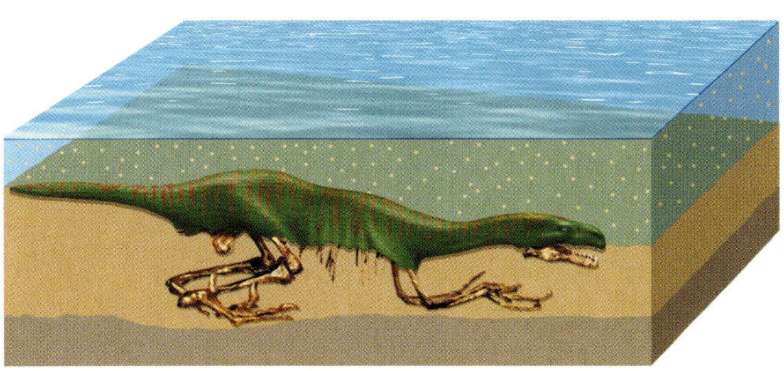

● Sand und Schlamm werden über Jahrmillionen zu Gestein und auch die darin eingeschlossenen Tiere oder Pflanzen versteinern.

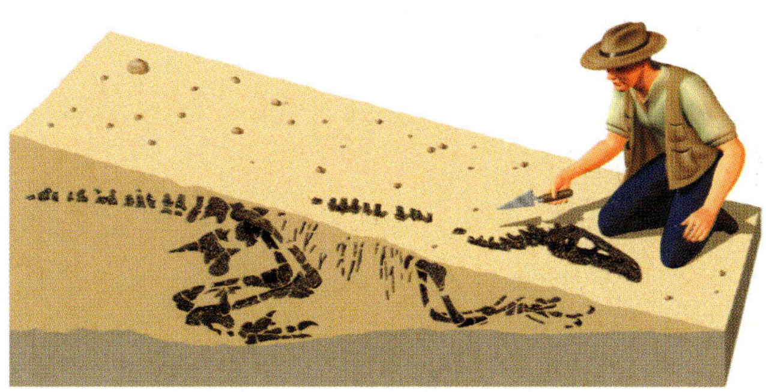

Seit wann gibt es Leben auf der Erde?

Zuerst bestand die Erde nur aus heißem Gestein. Erst nach vielen Mio. Jahren war die Erdoberfläche so weit abgekühlt, dass Leben entstehen konnte. Erste Lebewesen gab es auf der Erde vermutlich schon vor 4000 Mio. Jahren, doch dafür wurden bislang keine Beweise gefunden. Die frühesten bekannten Fossilien sind mikroskopisch kleine Bakterien.

- Die ersten mehrzelligen Lebewesen sahen ein bisschen wie Würmer, Seeanemonen oder Quallen aus. Sie hatten weiche, schwammige Körper ohne Knochen oder Schalen.

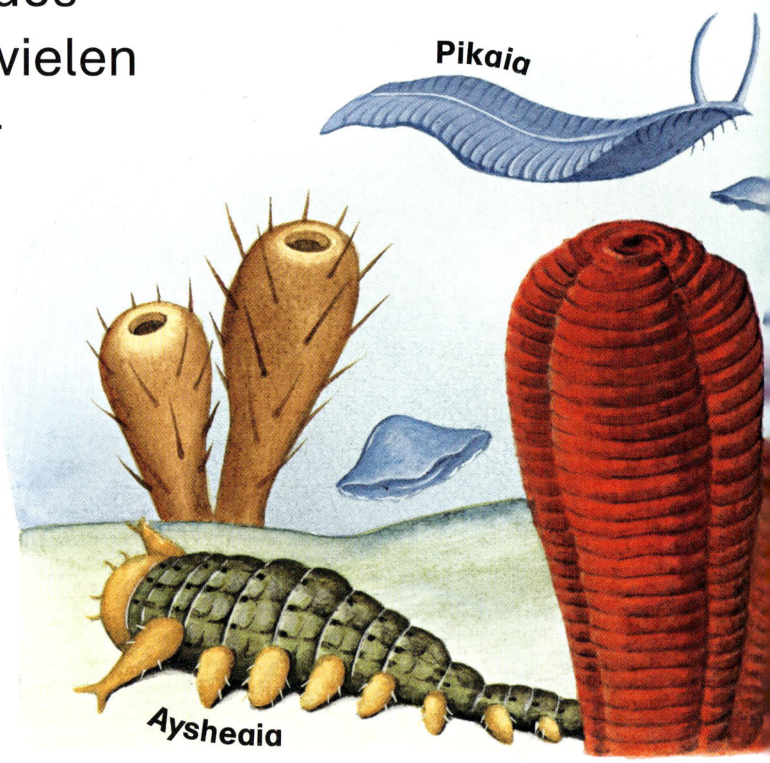

- An manchen Orten sammelten sich Bakterien an. Aus vielen Schichten wuchsen größere Formen und bildeten so genannte Stromatolithen. Jm Laufe der Zeit wurden die Stromatolithen zu Fossilien.

Was ist Evolution?

Als Evolution bezeichnen Wissenschaftler die allmähliche Veränderung von Lebewesen von einer Form in eine andere. Dies geschieht unsagbar langsam. Von den einzelligen Bakterien bis zur Entwicklung größerer, mehrzelliger Lebewesen vergingen mehr als 2500 Mio. Jahre.

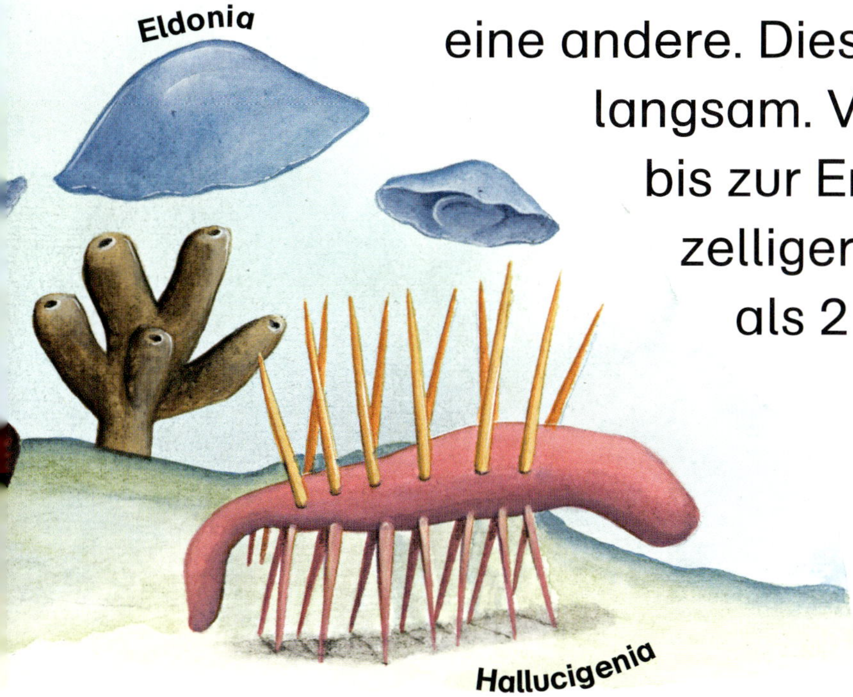

● Dicksonia war so groß wie ein Schwimmring – sein Durchmesser betrug 60 Zentimeter.

Was sind ausgestorbene Arten?

Nicht alle Lebewesen entwickeln sich weiter. Einige Tier- und Pflanzenarten sterben aus und verschwinden endgültig von der Erde.

● Trilobiten traten bereits vor 600 Mio. Jahren auf und lebten bis vor rund 240 Mio. Jahren. Danach sind sie ausgestorben. Sie gehörten zu den ersten Tieren, die Augen hatten, und besaßen ein schildartiges Außenskelett, das ihren Körper schützte.

Wann erschienen die ersten Fische in den Meeren?

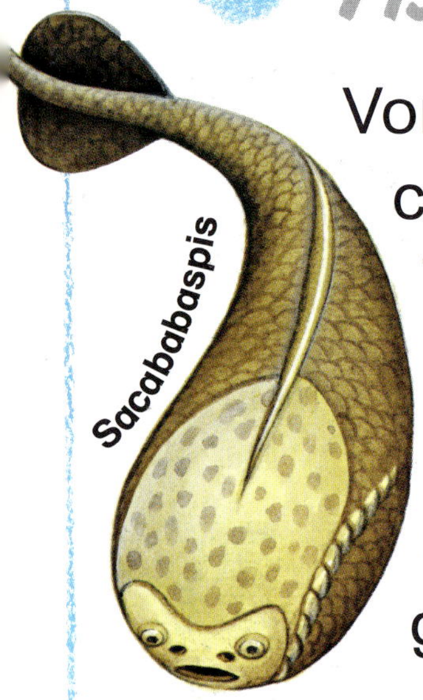

Vor rund 500 Mio. Jahren entwickelten sich Fische, die ersten Tiere mit einer Wirbelsäule. Allerdings besaßen sie keine Kiefer oder Flossen; sie sahen eher wie heutige Kaulquappen aus.

● Ohne Kiefer zum Beißen oder Kauen ernährten sich frühe Fischarten, wie der Arandaspis, indem sie winzige Lebewesen vom Meeresgrund saugten.

● Dunkleosteus war beachtliche sechs Meter lang. Er gehörte zu den so genannten Panzerfischen, die ihren Namen von den Knochenplatten erhielten, die ihren Kopf vor den scharfen Zähnen von Angreifern schützten.

Gab es in der Urzeit Haie?

Haie bevölkerten bereits vor 400 Mio. Jahren die Meere. Sie gehörten zu den ersten Wirbeltieren, die Kiefer und Zähne ausgebildet hatten. Und sie waren damals ebenso gefährliche Jäger wie heute!

● Jm Wasser auf einen Stethocanthus zu treffen, wäre wohl nicht angenehm. Die Oberseite der seltsamen, T-förmigen Flossen sowie der Kopf dieser frühen Hai-Art waren mit Borsten bedeckt, die Zähnen glichen.

Was für ein Tier war der Seeskorpion?

Der Seeskorpion war ein gefährlicher Räuber. Er packte seine Beute mit seinen scharfen Scheren. Seeskorpione lebten zur gleichen Zeit wie die ersten Haie und konnten bis zu zwei Meter lang werden. Jhr Körper war mit einem schildartigen Außenskelett überzogen.

Wann eroberten Pflanzen das Land?

Pflanzen besiedelten das Land vor den Tieren. Die frühesten bekannten Fossilien einer Landpflanze sind etwa 420 Mio. Jahre alt. Die Urpflanze Cooksonia war nur etwa so groß wie dein kleiner Finger.

● Cooksonia hatte zwar einen Stängel, aber keine Blätter, Blüten oder richtige Wurzeln.

Wer folgte den Landpflanzen?

Durch das Pflanzenwachstum konnten Tiere an Land Nahrung finden und sich weiterentwickeln. Winzige Milben und Jnsekten gehörten zu den ersten Pflanzenfressern, die an Land lebten.

● Alle Tiere brauchen Sauerstoff zum Überleben. Da Pflanzen Sonnenenergie nutzen, um Kohlendioxyd in Sauerstoff umzuwandeln, tragen sie dazu bei, den Sauerstoffgehalt der Luft zu erhöhen.

● Kaum gab es Pflanzen fressende Tiere an Land, entwickelten sich Fleischfresser, die diese Beute jagten.

Warum schnappten manche Fische nach Luft?

Die meisten Fische atmen über ihre Kiemen unter Wasser. Nachdem es die ersten Landpflanzen gab, bildeten einige Fischarten Lungen zum Atmen aus. Wissenschaftler nennen sie Lungenfische. Sie glauben, dass es in den flachen Gewässern, die die Fische bewohnten, nicht genügend Sauerstoff gab.

● Zur selben Zeit, als sich die Lungenfische entwickelten, erwärmte sich die Erde. Das Wasser der Seen und Flüsse verdunstete, der Wasserspiegel sank und damit auch der Sauerstoffgehalt.

Warum bekamen Fische Beine?

Einige Fischarten bildeten nicht nur Lungen aus. Jhre Flossen entwickelten sich auch zu Beinen. So wurden sie zu Landtieren. Die ersten Vierbeiner, Acanthostega und Jchthyostega, erschienen vor rund 370 Mio. Jahren. Sie lebten noch größtenteils im Wasser, konnten sich aber auch an Land fortbewegen.

● Acanthostega und Jchthyostega waren Vorfahren der Amphibien. Das sind Tiere, die an Land leben, sich jedoch im Wasser fortpflanzen und entwickeln.

● Diplocaulus war eine sehr eigentümlich aussehende Amphibie: Sein Kopf hatte die Form eines Bumerangs. Er lebte hauptsächlich unter Wasser, durch das er dank seiner Kopfform wie ein U-Boot glitt.

● Gewaltige Bärlapp-Gewächse ragten während des Karbons aus den warmen, morastigen Sümpfen. Einige wurden bis zu 40 Meter hoch – so hoch wie ein fünfzehnstöckiges Hochhaus!

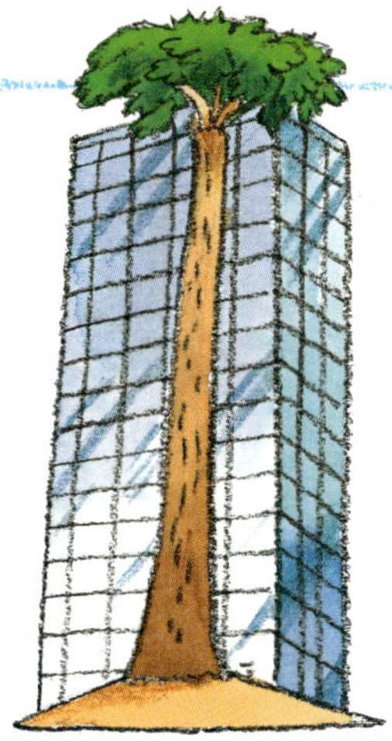

Woher kommt Kohle?

Bei der Steinkohle, die wir heute verbrennen, handelt es sich größtenteils um Überreste von Urzeitwäldern, die die Erde vor 355 bis 290 Mio. Jahren bedeckten. Man nennt diesen erdgeschichtlichen Abschnitt auch Steinkohlenzeitalter oder Karbon.

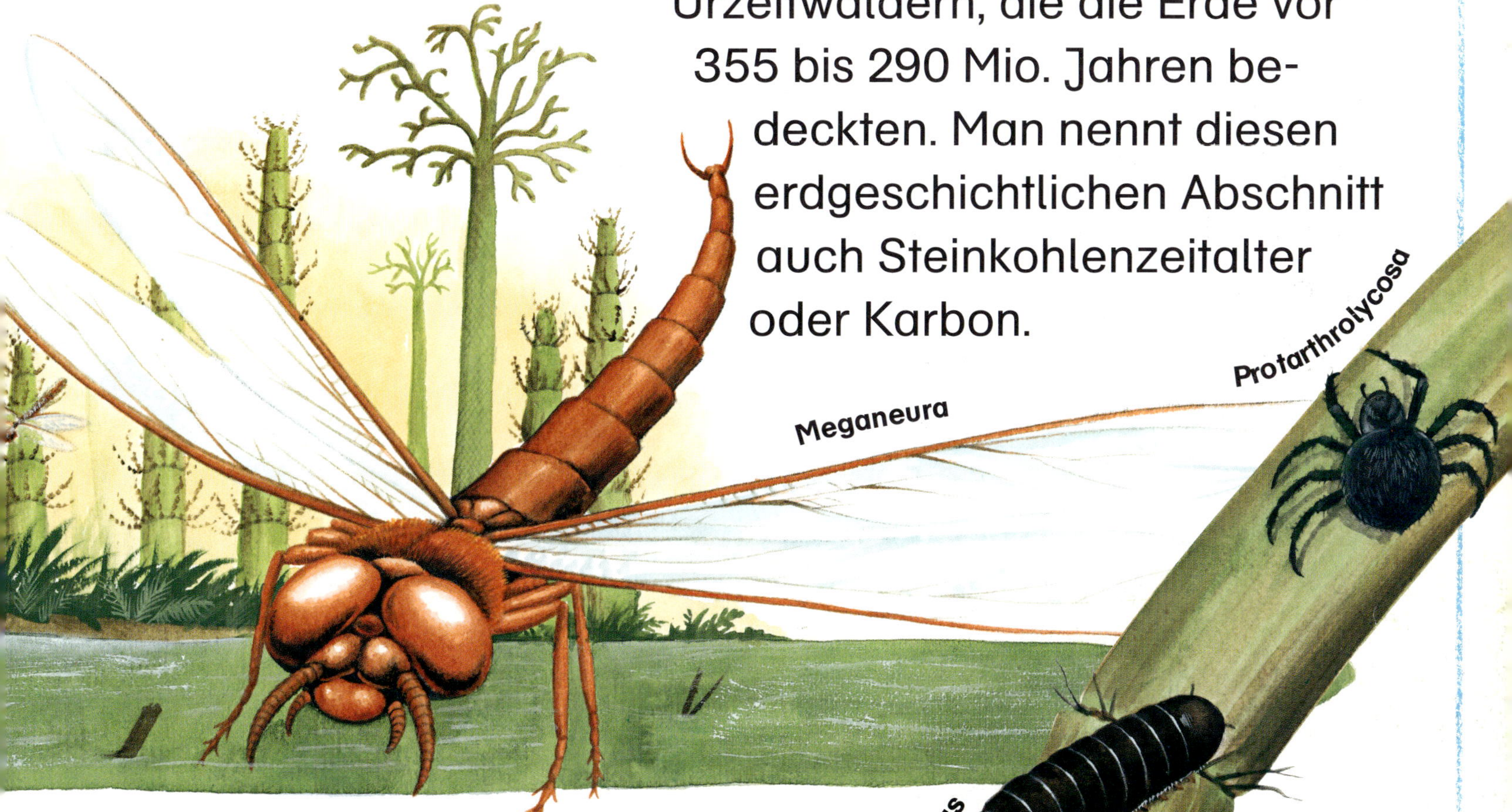

Welches Insekt war so groß wie ein Vogel?

Meganeura war eine riesige Libelle, die im Zeitalter des Karbons durch die Sumpfwälder schwirrte. Jhre Flügel hatten eine beachtliche Spannweite von 60 Zentimetern.

● Jnsekten wie etwa die Libellen waren die ersten fliegenden Tiere.

Wann tauchten die ersten Reptilien auf?

Reptilien bildeten eine neue Tiergruppe, die sich gegen Ende des Karbons aus den Amphibien entwickelte. Reptilien wie der Hylonomus waren die ersten Vierbeiner, die in Gegenden mit wenig Wasser überleben konnten.

● Reptilien haben eine feste, geschuppte Haut. Da ihre Eier durch eine ledrige Schale geschützt sind, trocknen sie nicht aus.

● Amphibieneier haben keine Schale. Sie müssen im Wasser abgelegt werden, damit sie nicht vertrocknen.

Wer spannte Segel auf?

Das Hautsegel auf ihrem Rücken gab den Kamm- oder Pelycosauriern ihren Namen. Durch das Hautsegel konnten Saurier wie Dimetrodon die Wärmeaufnahme durch die Sonne steuern.

● Kammsaurier waren Reptilien, und Reptilien baden gerne in der Sonne. Sie lieben die wärmenden Strahlen, da sie Kaltblüter sind – ohne die Sonne können sie ihr Blut nicht warm halten.

Welches Tier trug als Erstes ein Fell?

Behaarung hält ein Tier gleichmäßig warm. Daher besitzen die meisten warmblütigen Tiere ein Fell oder Gefieder. Wissenschaftler glauben, dass die ersten Warmblüter zu einer Reptilienart namens Cynodonten gehörten, die sich vor rund 250 Mio. Jahren entwickelten.

Welche Reptilien setzten sich durch?

Die ersten Reptilienarten waren Vorfahren der Dinosaurier. Frühe Reptilienarten gingen auf allen Vieren. Doch wer bereits vor 240 Mio. Jahren schnell auf seinen Hinterbeinen laufen konnte wie Euparkeria, war bei der Jagd ganz klar im Vorteil.

● Für Forscher ist die Untersuchung von versteinertem Kot eine Möglichkeit herauszufinden, was Dinosaurier fraßen – ein Glück, dass Fossilien nicht stinken!

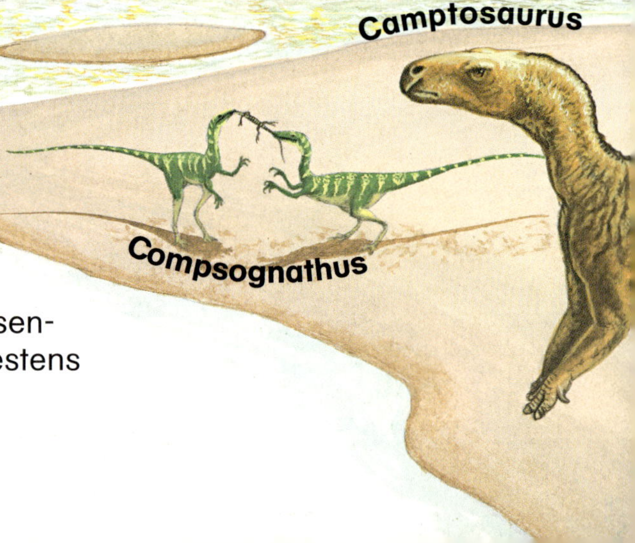

● Bislang hat man Fossilien von über 800 Dinosaurierarten gefunden und benannt, doch Wissenschaftler schätzen, dass es mindestens doppelt so viele gegeben hat.

Wie lange beherrschten Dinosaurier die Erde?

Die ältesten bekannten Dinosaurier erschienen vor rund 230 Mio. Jahren, die letzten Arten starben vor etwa 65 Mio. Jahren aus. Dinosaurier gab es also unvorstellbare 165 Mio. Jahre lang!

Brachiosaurus war so groß, dass er mühelos die obersten Baumwipfel abweiden konnte.

Während der 165 Mio. Jahre haben sich die verschiedensten Dinosaurierarten entwickelt: vom nur truthahngroßen Fleischfresser Compsognathus bis hin zu dem riesenhaften Pflanzenfresser Brachiosaurus.

Waren Dinosaurier die Könige der Lüfte?

Dinosaurier hatten keine Flügel. Die Pterosaurier, fliegende Reptilien, beherrschten zu Zeiten der Dinosaurier die Lüfte. Diese Flugsaurier entwickelten viele Formen und Größen. Quetzalcoatlus war mit einer Flügelspannweite von bis zu zwölf Metern fast so groß wie ein kleines Flugzeug.

● Pterodaustro benutzte seine seltsamen, stacheligen Zähne wahrscheinlich wie ein Sieb, um winzige Meerestierchen aus dem Wasser zu filtern.

● Wissenschaftler haben Fossilien entdeckt, die darauf hindeuten, dass einige Flugsaurier pelzige Körper hatten, ähnlich wie die heutigen Fledermäuse.

● Wie die Landreptilien atmeten auch die Meeresreptilien Luft. Die meisten von ihnen mussten an Land gehen, um ihre Eier zu legen.

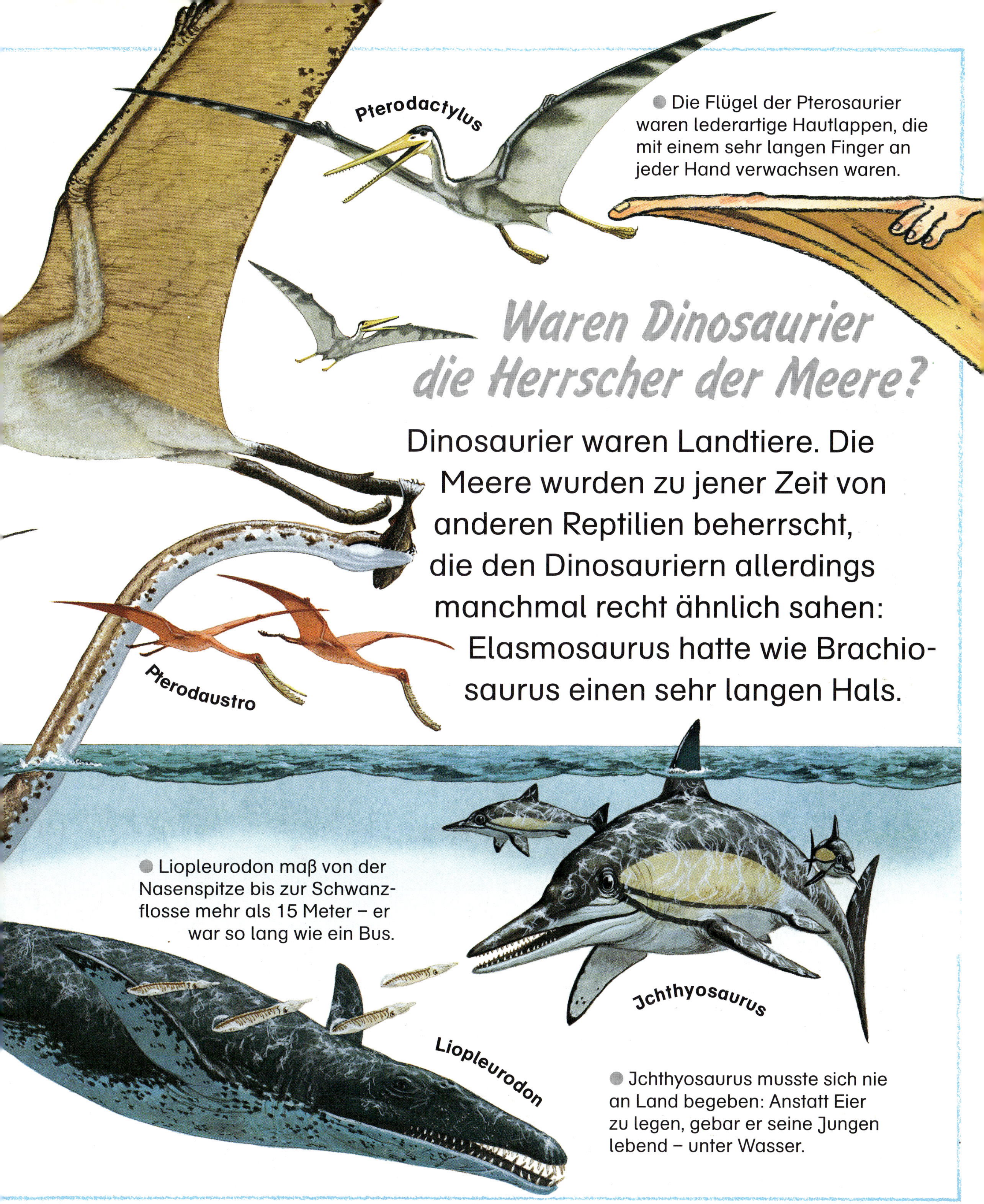

Die Flügel der Pterosaurier waren lederartige Hautlappen, die mit einem sehr langen Finger an jeder Hand verwachsen waren.

Waren Dinosaurier die Herrscher der Meere?

Dinosaurier waren Landtiere. Die Meere wurden zu jener Zeit von anderen Reptilien beherrscht, die den Dinosauriern allerdings manchmal recht ähnlich sahen: Elasmosaurus hatte wie Brachiosaurus einen sehr langen Hals.

Liopleurodon maß von der Nasenspitze bis zur Schwanzflosse mehr als 15 Meter – er war so lang wie ein Bus.

Jchthyosaurus musste sich nie an Land begeben: Anstatt Eier zu legen, gebar er seine Jungen lebend – unter Wasser.

Woher kamen die Vögel?

Dinosaurier konnten zwar nicht fliegen, dennoch glauben Wissenschaftler, dass sich Vögel aus Dinosauriern und nicht aus Flugsauriern entwickelt haben. Das älteste bekannte gefiederte Flugtier war Archaeopteryx. Es lebte vor 145 Mio. Jahren und war vermutlich halb Dinosaurier, halb Vogel.

● Caudipterix war ebenfalls ein gefiederter „Dinovogel“, aber er konnte nicht fliegen – seine Schwingen waren zu klein.

● Entenschnabeldinosaurier waren friedliche Pflanzenfresser, die erschienen, nachdem es Blütenpflanzen gab.

Edmontosaurus

Wann blühten erste Blumen?

Bis vor rund 140 Mio. Jahren gab es keine Blütenpflanzen. Deren Duft wehte erst späteren Saurierarten um die Nase. Feigen und Magnolien gehörten zu den ersten Bäumen, die Blüten und Früchte trugen.

● Fossiliensucher fanden Überreste eines Fleisch fressenden Sauriers, der noch größer war als Tyrannosaurus. Sie nannten ihn Giganotosaurus – „Gigantische Südechse“.

Warum gilt Tyrannosaurus als König der Saurier?

Stell dir einen Giganten vor, mit Zähnen, die so lang wie deine Hand sind, und einem riesenhaften Maul, mit dem er dich auf einmal verschlingen könnte – so sah Tyrannosaurus aus. Er war eines der größten Fleisch fressenden Landtiere, die es je auf der Erde gab.

● Tyrannosaurus gehörte zu den Dinosaurierarten, die sich zuletzt entwickelten, vor weniger als 70 Mio. Jahren. Sein Name bedeutet „Tyrannenechse“: Ein Tyrann ist ein grausamer Herrscher.

Gab es zu Zeiten der Dinosaurier auch Säugetiere?

Die Säugetiere entwickelten sich wahrscheinlich aus den Cynodonten vor 220 Mio. Jahren, nur wenige Mio. Jahre nach den ersten Sauriern. Die ältesten Säugetiere waren Jnsektenfresser, kaum größer als heutige Mäuse.

● Megazostrodon hätte auf deiner Hand Platz gefunden – von der Nase bis zur Schwanzspitze maß er nur zwölf Zentimeter.

● Zu den typischen Merkmalen von Säugetieren gehört, dass die Mütter im Körper Milch als Nahrung für ihre Jungen produzieren.

Die meisten Säugetierbabys entwickeln sich heute im Bauch ihrer Mutter. Sie kommen auf die Welt, wenn sie groß genug sind, um außerhalb des Mutterleibs zu überleben.

Welche Jungen leben im Beutel ihrer Mutter?

Frühe Säugetiere legten Eier, so wie ihre Vorfahren, die Reptilien. Jm Laufe der Zeit entwickelten sich aber auch andere Säugetiere. Sie gebaren ihre Jungen lebend, anstatt sie in Eiern auszubrüten. Beuteltiere erschienen zum ersten Mal vor 100 Mio. Jahren. Es sind Säugetiere, deren neugeborene Junge in einem taschenartigen Beutel am Bauch der Mutter heranwachsen.

Neugeborene Beuteltiere sind nicht größer als ein Gummibärchen! Sie bleiben so lange im Beutel ihrer Mutter, bis sie fähig sind, selbst Nahrung zu finden.

Woher wissen wir, dass Dinosaurier ausgestorben sind?

Fossiliensucher fanden nicht den geringsten Hinweis darauf, dass es in den vergangenen 65 Mio. Jahren Dinosaurier gab – keine versteinerten Knochen, keine Fußabdrücke. Vor etwa 65 Mio. Jahren verschwanden alle Dinosaurierarten zusammen mit den Flugsauriern und den meisten Meeresreptilien.

Wissenschaftler haben keine Dinosaurierfossilien in Gesteinsschichten gefunden, die jünger als 65 Mio. Jahre sind.

● Mehr als die Hälfte aller Tierarten der Erde wurde vor 65 Mio. Jahren ausgelöscht. Von den großen Tieren scheint keine Art überlebt zu haben.

Ob es ein Meteorit war, der das Klima auf der Erde verändert und die Dinosaurier ausgelöscht hat, ist nicht ganz sicher. Einige Wissenschaftler glauben, dass ausbrechende Vulkane Staubwolken ausspien, die die Sonne verdunkelten.

Was hat zum Aussterben der Dinosaurier geführt?

Viele Wissenschaftler nehmen an, dass ein gigantischer Meteorit aus dem Weltall vor 65 Mio. Jahren auf die Erde stürzte und die Saurier auslöschte. Die Wucht des Einschlags war so gewaltig wie tausend Bombenexplosionen. Mächtige Druckwellen fegten über das Land. Staubwolken wirbelten auf, ließen die Sonnenstrahlung nicht mehr durch die Atmosphäre und hüllten die Erde in eisige Dunkelheit.

Pflanzen können ohne Sonnenlicht nicht wachsen. Deshalb starben erst die großen Pflanzenfresser vor Kälte und Hunger und danach die großen Fleischfresser.

Manche Menschen glaubten, die Dinosaurier seien deshalb ausgestorben, weil die Säugetiere ihnen die Eier wegfraßen.

Warum manche Tierarten überlebten und andere nicht, weiß niemand so genau. Vielleicht waren einige klein genug, um sich zu verstecken.

Welche Tiere herrschten nach den Dinosauriern vor?

Allmählich entwickelten sich immer mehr neue Säugetierarten, da es keine Saurier mehr gab, die sie jagten. Die meisten lebten an Land, einige aber auch in der Luft oder in den Meeren.

● Fledermäuse sind fliegende Säugetiere. Jcaronycteris erschien vor rund 54 Mio. Jahren und gehört damit zu den ältesten bekannten Fledermausarten.

● Wale sind Meeressäugetiere, die sich etwa zur selben Zeit entwickelten wie Fledermäuse. Der älteste bekannte Wal, Pakicetus, ähnelte eher einem Otter als einem Wal wie wir ihn heute kennen.

● Anancus hatte alle Mühe, seinen Kopf aufrecht zu halten. Die Stoßzähne dieses frühen Elefanten waren fast so lang wie der Rest seines Körpers.

Wann waren Elefanten so klein wie Schweine?

Auch Pferde waren winzig, als sie vor rund 50 Mio. Jahren erschienen. Hyracotherium besaß statt Hufen Zehen und war so groß wie eine Katze – nur etwa 20 Zentimeter hoch.

Elefanten durchliefen verschiedene Entwicklungsstufen, bevor sie so aussahen, wie wir sie heute kennen. Eine der ältesten Elefantenarten, Moeritherium, erschien vor rund 40 Mio. Jahren. Diese Tiere waren nur 60 Zentimeter hoch.

Welche Katzen hatten Zähne wie Säbel?

Die mächtigen Reißzähne gaben den Säbelzahnkatzen ihren Namen. Diese Zähne dienten nicht zum Kauen, sondern zum Festhalten und Töten ihrer Beute.

Wer war Lucy?

Vor rund 4,5 Mio. Jahren tauchten neue Säugetiere auf – die frühesten menschenähnlichen Wesen. Heute tragen sie wissenschaftliche Namen wie Australopithecus – „Südaffe“. Da das aber ein echter Zungenbrecher ist, gebraucht man lieber Spitznamen – wie „Lucy“.

● Fossiliensucher fanden 1974 in Afrika versteinerte Skelettteile. Sie nannten ihren etwa 3,2 Mio. Jahre alten Fund „Lucy“, nach dem Beatles-Lied „Lucy in the sky with diamonds“, das damals im Radio lief.

Australopithecus

Homo habilis

Wann entwickelten frühe Menschen handwerkliche Fähigkeiten?

Homo habilis bedeutet übersetzt „geschickter Mensch“. Wahrscheinlich fertigten diese frühen Menschen vor rund zwei Mio. Jahren erste einfache Steinwerkzeuge an.

Wer waren die ersten Entdecker?

Obwohl sich alle Frühmenschen in Afrika entwickelten, gilt der Homo erectus, der vor rund 1,9 Mio. Jahren lebte, als besonders wagemutig. Die Art verließ als erste Afrika und stieß auf ihren Wanderungen bis Asien und Europa vor.

Homo erectus bedeutet „aufrecht gehender Mensch".

● Die ersten Australier gehörten zu den Homo sapiens. Vor mehr als 50 000 Jahren segelten sie von Südostasien aus dorthin.

Wer waren die „weisen Menschen"?

Der moderne Mensch ist intelligent. Deshalb wird er als „Homo sapiens" bezeichnet – „der weise Mensch". Die frühen Homo sapiens, unsere nächsten Verwandten, entwickelten sich vor fast 200 000 Jahren in Afrika.

Homo sapiens

Was versteht man unter Eiszeiten?

Eiszeiten sind lange Abschnitte der Erdgeschichte, in denen es so kalt war, dass sich Schnee- und Eismassen vom Nordpol über weite Gebiete Europas, Asiens und Nordamerikas schoben. Die letzte Eiszeit endete vor 12000 Jahren, als das Klima wieder wärmer wurde.

● Mammuts waren in nördlichen Gebieten zu Hause. Jhr dichtes, langes Fell schützte sie vor der Kälte. Nach der letzten Eiszeit wurde das Klima für sie zu warm und sie starben aus.

Lebten Eiszeitmenschen in Höhlen?

Ja, wenn sie geeignete Höhlen finden konnten. Sie bauten auch Hütten aus Ästen, Mammutknochen oder Mammutstoßzähnen und bedeckten sie mit Tierhäuten.

Wer waren die ersten Bauern?

● Weizen und Gerste waren die ersten Feldfrüchte. Schafe und Ziegen gehörten zu den ersten Tiere, die von Bauern gehalten wurden.

Ackerbau kam vor rund 10000 Jahren auf, als Menschen im Mittleren Osten begannen, die Samen von Wildpflanzen zu sammeln und sie als Feldfrüchte anzubauen. Nun konnten die Bauern das ganze Jahr über an einem Ort bleiben. Sie bauten Siedlungen, die allmählich zu Dörfern und Städten anwuchsen. Mit dem Beginn der schriftlich überlieferten Geschichte der Menschen endet die Urzeit.

● Einige der ältesten bekannten Behausungen wurden vor rund 400000 Jahren von Homo erectus in Terra Amata an der Südküste Frankreichs gebaut.

Länder und Leute

Was ist ein Land?

Ein Land ist ein unabhängiger Staat mit einer eigenen Regierung. Die Landesbewohner müssen die Gesetze des Landes einhalten. Jedes Land hat einen bestimmten Namen. Seine Grenzen werden in der Regel von allen anderen Nationen anerkannt.

● Jeder Staat besitzt sein eigenes Geld – die so genannte Landeswährung. Jn vielen europäischen Ländern kann man seit wenigen Jahren mit nur einer Währung bezahlen, dem Euro.

● Länder haben auch eigene Briefmarken. Darauf ist oft ein Staatsoberhaupt abgebildet, aber auch heimische Tiere oder die Darstellung einer bedeutenden Entdeckung.

● Bei festlichen Umzügen oder einem großen Sportereignis schwenken die Menschen ihre Nationalflagge.

Welchen Zweck haben Flaggen?

Jedes Land besitzt als eine Art Erkennungszeichen eine eigene Nationalflagge. Jede Flagge sieht anders aus. Manche zeigen bunte Streifen, andere Sterne oder religiöse Zeichen wie das Kreuz oder den Halbmond. Bei besonderen Anlässen wird die Flagge als Symbol für das Land und seine Bewohner gehisst.

Jedes Land hat ein eigenes Lied, die Nationalhymne. Die Landesbewohner singen sie mit Stolz und erinnern damit an die eigene Herkunft und Geschichte.

Wo leben die meisten Menschen?

China zählt heute mehr als eine Milliarde Einwohner. Und täglich kommen etwa 48 000 neue Erdenbürger dazu. Wenn dir dabei die vielen Geburtstagsfeste einfallen, dann irrst du! Alle Chinesen feiern ihren Geburtstag am chinesischen Neujahrstag!

Mit spektakulären Straßenumzügen feiern Chinesen auf der ganzen Welt jedes Jahr Ende Januar oder Anfang Februar das chinesische Neujahrsfest.

Die weltweit größte Geburtstagsparty fand am 4. Juli 1991 statt. Nicht eine Person, sondern zwei Länder – die USA und Kanada – hatten Geburtstag. Mehr als 75 000 Menschen nahmen an den Feierlichkeiten teil.

Wie heißt das größte Land?

Russland! Es ist so riesig, dass man von einer Landesgrenze zur anderen acht Tage mit dem Zug fahren muss.

Wenn die Schulkinder im Westen morgens losgehen, kommen sie im Osten bereits nach Hause.

Wo liegt Niemandsland?

Antarktika ist eine unwirtliche Eiswüste. Der Südpolarkontinent ist kein Land im Sinne eines Staates, denn dort gibt es keine Menschen, keine Regierung und auch nur eine symbolische Flagge. Mehrere Länder haben sich darauf geeinigt, die Wildnis von Antarktika zu schützen und zu erforschen.

Die einzigen Menschen auf Antarktika sind ein paar hundert Forscher, die dort Gesteinsschichten, Klimabedingungen oder die Tiere und Pflanzen untersuchen.

Welche Stadt schwebt in den Wolken?

Lhasa ist eine Stadt in Tibet. Sie wurde an den Hängen des höchsten Gebirges der Welt erbaut, des Himalaya. Lhasa liegt hoch und damit meist in den Wolken, die den Ort in einen dicken, feuchten Nebelschleier tauchen.

Tibet wird oft das Dach der Welt genannt, weil es so hoch in den Bergen liegt.

Warum gehen Venezianer auf dem Wasser?

Die italienische Stadt Venedig wurde in einer geschützten Lagune am Meer auf Dutzenden von kleinen Jnseln errichtet. Zwischen den Jnseln verlaufen Kanäle – die „Hauptstraßen“ der Stadt. Will man in Venedig in ein anderes Stadtviertel gelangen, nimmt man nicht etwa den Bus, sondern ein Motorboot oder eine Gondel.

Eine Regierung hat ihren Sitz meist in der Hauptstadt des Landes. Washington DC ist die Hauptstadt der USA. Der amerikanische Präsident lebt und arbeitet dort im Weißen Haus.

Ungefähr 1 000 Treppenstufen führen zum Potala-Palast, der hoch oben über den Straßen Lhasas thront. Die Dächer dieses prächtigen Gebäudes sind aus reinem Gold!

Wie heißt die größte Stadt der Welt?

Mehr als 21 Millionen Menschen zählt die Hauptstadt Mexikos. Damit hat Mexiko-Stadt mehr Einwohner als Australien. Und die Stadt wächst immer noch weiter!

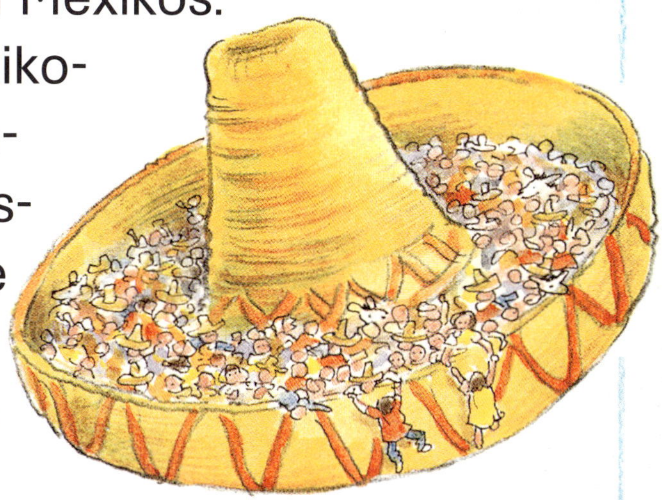

Wo wird mit dem Pinsel geschrieben?

● Die Kunst des Schönschreibens nennt man Kalligrafie. Japaner erlernen die Kalligrafie bereits in der Schule.

Die Schönschrift wird in China und Japan als Kunstform gepflegt. Statt mit dem Füller schnell auf ein Blatt zu kritzeln, werden die Worte sorgfältig mit Pinsel und Tinte gemalt. Oft rahmen die Künstler ihre Werke und hängen sie als Bild an die Wand.

● Die chinesische Sprache besteht aus etwa 50 000 verschiedenen Schriftzeichen. Zum Glück müssen Schulkinder nur etwa 5 000 davon beherrschen.

Wo liest man die Bücher von hinten?

Arabisch und Hebräisch gehören zu den Sprachen, die man von rechts nach links liest. Wäre dies ein arabisches Buch, wäre somit auch die erste Seite ganz hinten.

Welches Land kennt mehr als 800 Sprachen?

Jn Papua Neuguinea wird mit vielen Zungen gesprochen. Dort leben die Menschen weit voneinander entfernt im Regenwald oder in kleinen Bergdörfern. Sie haben selten Kontakt miteinander und deshalb verschiedene Sprachen entwickelt.

● Jn weiten Teilen Papua Neuguineas können sich die Menschen nur mit Hilfe eines Übersetzers verständigen.

● Weltweit gibt es etwa 5 000 Sprachen. Hier ein paar Beispiele, wie man anderswo „Hallo" sagt:

Swahili Hindi Spanisch Polnisch Holländisch

● Jn Neuseeland gibt es einen Ortsnamen mit nicht weniger als 85 Buchstaben; in Frankreich kommt ein anderer dagegen mit nur einem einzigen Buchstaben aus!

Wer wohnt in einem Langhaus?

Lang gezogene, offene Pfahlbauten aus Holz oder Bambus sind die typischen Häuser der Tropeninsel Borneo. Jn einem Langhaus wohnen viele Familien, jede in einem eigenen Raum.

● Bis zu hundert Familien finden in einem einzigen Langhaus Unterkunft.

● Mit Wolkenkratzern schafft man auf einer kleinen Grundfläche viel Wohnraum. Sie bestimmen das Bild der Großstädte.

Gibt es schwimmende Gärten?

Viele Niederländer leben auf Hausbooten, die entlang der vielen Kanäle des Landes vertäut sind. Sie bepflanzen die Dächer ihrer Boote und schaffen sich damit einen kleinen Garten.

Wie hat man es selbst in der Wüste Gobi warm?

Der Winter in der nordasiatischen Wüste Gobi ist eiskalt. Hirten, die mit ihrer Familie durch die mongolische Wüste ziehen, leben in dickwandigen Filzzelten – den Jurten. Sie schützen vor der Kälte, aber auch vor der Hitze des Sommers.

Welches Gericht kannte man bereits in der Steinzeit?

● Überall auf der Welt werden Getreidekörner gestampft, um daraus Mehl für Pfannkuchen zu gewinnen.

Schon Steinzeitmenschen wussten, wie man Pfannkuchen zubereitet. Das Grundrezept aus Milch, Eiern und Mehl ist auf der ganzen Welt gleich. Nur das Mehl ist von Ort zu Ort verschieden. Pfannkuchenmehl wird aus Kartoffeln, Mais, Weizen oder Hafer gewonnen.

● Jn den verschiedenen Teilen der Erde landet fast alles auf dem Teller, was man sich vorstellen kann – knusprige Jnsekten oder zähe Schnecken, Schlangen, Meerschweinchen und sogar Schafsaugen!

Wo isst man Muscheln, Würmer und Schmetterlinge?

● Tischmanieren sind eine Frage des Ortes. Briten halten aufgestützte Ellenbogen für schlechtes Benehmen, während Franzosen das bei Tisch vollkommen in Ordnung finden.

Bei uns! So heißen nämlich die italienischen Nudelsorten Conchiglie, Vermicelli und Farfalle auf Deutsch. Der Nudelteig wird aus Mehl und Wasser geknetet, in Form geschnitten und in heißem Wasser gekocht. Mit einer schmackhaften Soße und geriebenem Käse schmecken Nudeln einfach köstlich!

Vermicelli

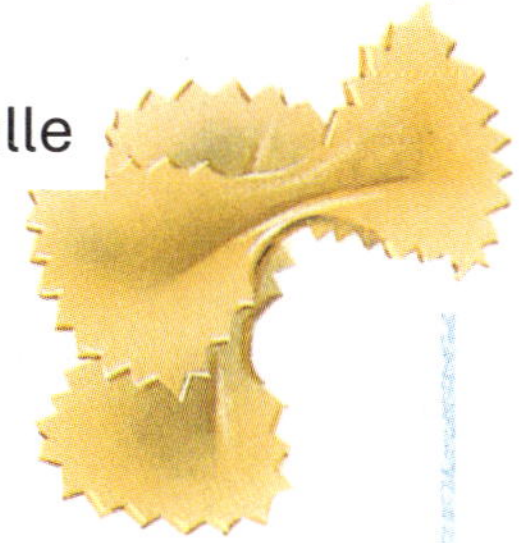

Farfalle

Conchiglie

● Es gibt über 100 verschiedene Nudelsorten. Manche sehen aus wie Muscheln, andere wie Schnecken oder wie Buchstaben.

Wo dauert Teetrinken den halben Tag?

Chanoyu heißt die traditionelle Teezeremonie in Japan. Sie dauert Stunden, denn der Tee wird dabei von einem Teemeister sorgfältig zubereitet und mit aller Ruhe getrunken. Es ist also besser, seinen Durst schon vorher zu stillen!

Wo tragen auch Frauen einen Männerhut?

Der höchstgelegene See der Welt ist der Titicaca in den Anden. Dort rudern die Menschen mit Schilfrohrbooten von Jnsel zu Jnsel.

Jn den Anden, einer südamerikanischen Bergkette, sieht man viele Frauen mit runden Bowler-Hüten. Sie gehören zur Landestracht wie die langen Röcke, farbenfrohen Schals und Ponchos aus Lamawolle.

Der Bowler, auch Melone genannt, ist eigentlich ein Hut für Männer. Er bestimmte über hundert Jahre das Aussehen des typischen britischen Geschäftsmannes.

Wo tragen auch Männer einen Rock?

Jm schottischen Hochland schlüpfen die Männer bei besonderen Anlässen in einen Kilt. Diese Faltenröcke werden aus kariertem Wollstoff genäht, den man Tartan nennt. Da der Kilt nur bis zum Knie wärmt, trägt man ihn zusammen mit langen Wollsocken.

Welches Kleid wird nicht genäht?

Der indische Sari ist nur eine Stoffbahn, die sich die Frauen eng um den Körper binden. Dieses Kleid hat weder Nähte, Knöpfe noch Reißverschlüsse. Saris sehen seit Jahrhunderten gleich aus. Sie bestehen aus leuchtenden Baumwollstoffen oder schimmernder Seide. An heißen Tagen sind sie angenehm kühl und sehr bequem.

- Jn Wüstenstaaten tragen die Menschen traditionell lange Kleidung und einen Kopfschutz, um sich vor Hitze und Staub zu schützen. Jn den kalten Polargebieten hüllt man sich in warme, fellgefütterte Jacken.

- Jn Schottland hat jeder Familienklan seinen eigenen Tartan in einem bestimmten Karomuster.

Wo behängt man das Hochzeitspaar mit Geldscheinen?

Auf einer griechischen oder türkischen Hochzeit bekommen Braut und Bräutigam Geld statt Geschenke. Die Gäste heften Geldscheine an die Kleidung des Hochzeitspaares. Da lohnt es sich, das Brautkleid etwas größer zu kaufen!

● Auf der Jnsel Madagaskar hält der zukünftige Ehemann eine Rede vor seiner Angebeteten. Jst die Rede nicht gut, muss er eine Strafe zahlen und noch einmal von vorne beginnen!

● Eine Hindu-Braut bemalt ihre Haut am Hochzeitstag mit kunstvollen Mustern. Sie benutzt dazu Henna, ein rötlich-braunes Färbemittel.

Wo krönt man Kinder zu Königen?

Jedes Jahr am Dreikönigstag, dem 6. Januar, freuen sich die Kinder in Frankreich auf das Abendessen. Als Nachtisch gibt es einen besonderen Blätterteigkuchen, die Galette des Rois. Jm Kuchen ist ein Glücksbringer versteckt. Wer ihn findet, wird einen Abend lang König oder Königin.

● Nach den Schriften der Bibel besuchten drei Könige aus dem Morgenland das neugeborene Jesuskind.

Wo streckt man zur Begrüßung die Zunge raus?

Bei den Maori in Neuseeland bereitet man Fremden, die ins Dorf kommen, einen unfreundlichen Empfang: Jn einem traditionellen Ritus streckt man ihnen die Zunge heraus und schneidet abschreckende Grimassen.

Wo lacht man über Schattenspiele?

● Die Figuren des Puppentheaters in Java werden aus bemaltem Leder angefertigt. Der Puppenspieler führt sie mit Hilfe von Drähten oder Stäben.

Schattentheater sind auf der ganzen Welt beliebt. Auf der indonesischen Jnsel Java sitzt das Publikum zu beiden Seiten einer Leinwand. Während die einen die Figuren betrachten, sehen die anderen nur die geheimnisvoll tanzenden Schatten.

● Die Puppen des vietnamesischen Wassertheaters scheinen sich auf der Oberfläche eines Sees zu bewegen. Dabei bekommt der Puppenspieler leider nasse Füße.

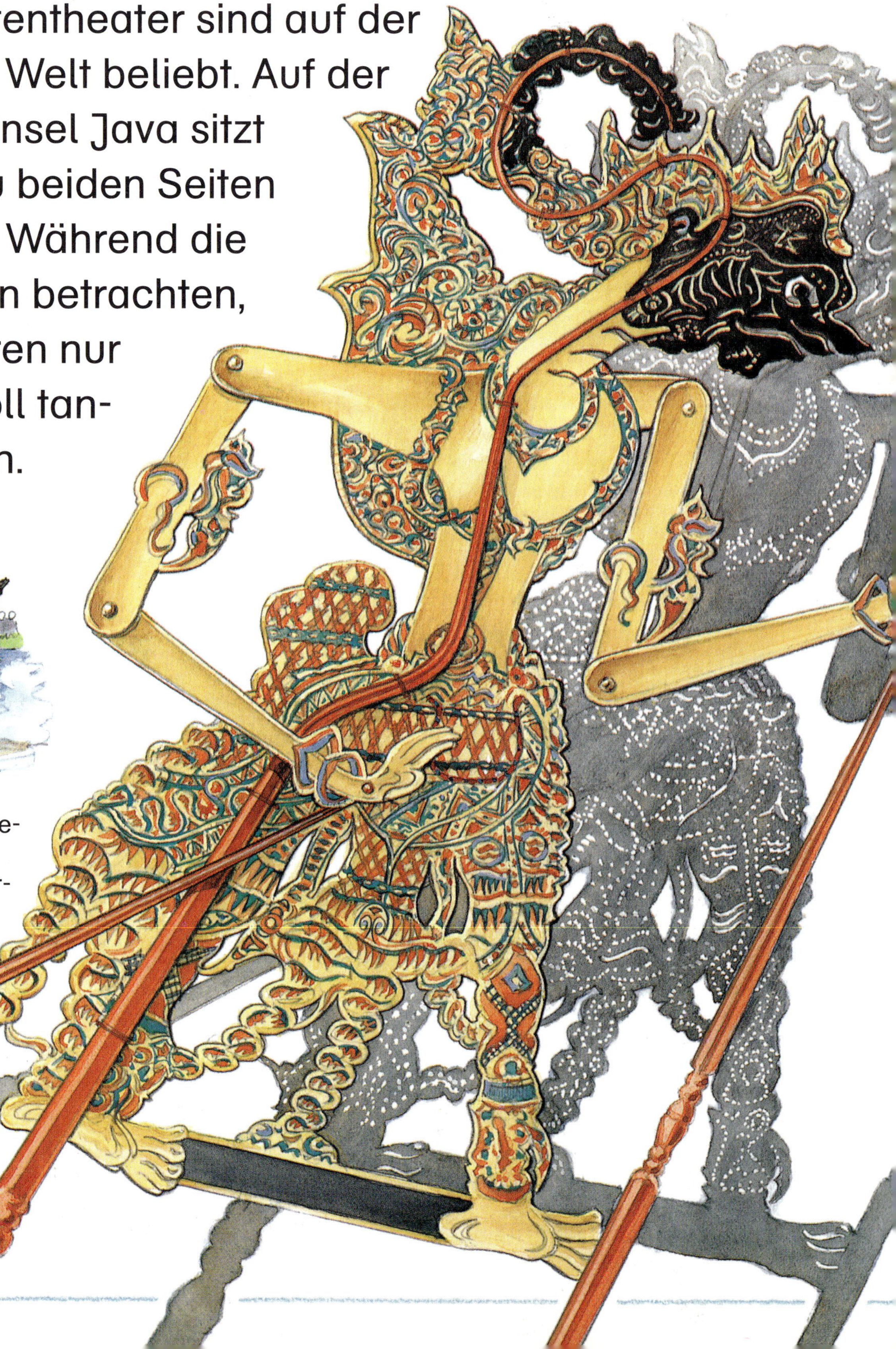

Wo wird mit Sand gemalt?

Die Navajo-Jndianer im Südwesten der USA zeichnen wunderschöne Bilder aus verschiedenfarbigem Sand. Diese Kunstwerke werden für spezielle Anlässe auf den Boden gemalt und hinterher sofort wieder zerstört.

● Manche Sandbilder besitzen angeblich heilende Kräfte. Sie sind groß genug, dass ein Kranker darauf Platz nehmen kann.

● Früher bliesen Viehhirten in die lang gezogenen, hölzernen Alphörner, deren Echo weit über die Berge hallte. Heute ist das Alphornblasen ein Brauch in der Schweiz.

Wo wird beim Tanzen auf den Boden gestampft?

Der Flamenco ist ein Tanz aus Südspanien. Die Tänzer schnippen mit den Fingern, während sie sich zum Rhythmus der spanischen Gitarre drehen und mit ihren Absätzen rhythmisch auf den Boden hämmern.

Wo gibt es Weizenfelder größer als ein ganzes Land?

Gewaltige Weizenfelder erstrecken sich in den Vereinigten Staaten und Kanada. Ein Feld in Kanada erreichte einst sogar die doppelte Größe des Kleinstaates San Marino!

● Nur mit mehreren großen Mähmaschinen kann die Ernte auf den riesigen Weizenfeldern eingefahren werden.

● Weltweit wird mehr Reis als Weizen verzehrt. Reispflanzen mögen es gern nass. Sie werden oft in sumpfigem Schwemmland angebaut.

Wo wächst Schokolade auf den Bäumen?

Schokolade wird aus den Bohnen des Kakaobaumes hergestellt. Leider wächst dieser Baum nur in den feuchtheißen Regionen Südamerikas, Südostasiens und Westafrikas.

Gorillas sind Menschenaffen, wie Orang-Utans, Schimpansen und Gibbons. Die Weibchen dieser Arten sind ausgezeichnete Mütter.

In welchem Land leben mehr Schafe als Einwohner?

Die meisten der über 17 Millionen Australier haben sich an den Küsten des Kontinents angesiedelt. Jm Landesinneren werden riesige Schaffarmen betrieben. Jn Australien leben neunmal so viele Schafe wie Menschen.

Wo fährt man mit dem Schneemobil?

● Eine Hundemannschaft kann einen Schlitten am Tag bis zu 80 Kilometer weit ziehen. Ein Motorschlitten schafft die gleiche Strecke in einer Stunde.

Viele Bewohner in Alaska und Nordkanada benutzen PS-starke Motorschlitten, um die eisigen Weiten zu überwinden. Sie ersetzen heute die Hundeschlitten. Die Huskies werden nur noch zum Vergnügen für Hunderennen vor den Schlitten gespannt.

● Die U-Bahnen in Japans Hauptstadt Tokyo sind so überfüllt, dass spezielle Angestellte die Passagiere mit Gewalt in die Züge schieben, damit sich die Türen schließen können.

● Viele portugiesische Fischer bemalen ihre Boote außen mit „magischen Augen“, die sie auf dem Meer beschützen und sicher in den Hafen zurückbringen sollen.

Wo parkt man eigentlich sein Fahrrad in China?

Jn China gibt es viele Millionen Menschen mit vielen Millionen Fahrrädern. Chinesische Großstädte haben daher riesige Fahrrad-Parkplätze. Mit Hilfe des Parkwächters und einer Nummer findet man den Drahtesel hinterher auch wieder!

Wo fahren Bilder über die Landstraßen?

Jn Afghanistan sind die Lastwagenfahrer so stolz auf ihre Fahrzeuge, dass sie jeden Zentimeter mit farbenfrohen religiösen Bildern bemalen. Sogar die Radschrauben leuchten in verschiedenen Farben.

● Ob lange silberne Ketten oder Aufreißlaschen der Getränkedosen – einem Afghanen ist keine Dekoration für seinen Lastwagen zu ungewöhnlich.

Welche Tiere sind die Rennpferde der Wüste?

Dromedare sind schnelle und robuste Tiere. Jn manchen Trockenwüsten werden sie daher wie Rennpferde in Wettkämpfen geritten. Besonders in Saudi-Arabien sind solche Rennen auf staubigem Wüstenboden populär.

● Renndromedare sind im Galopp über dreißig Stundenkilometer schnell – wenn sie Lust dazu haben.

● Ob Vogel Strauß oder Schnecke – es gibt fast kein Tier, das der Mensch nicht für ein Rennen an den Start schickt.

Das schnellste Ballspiel der Welt heißt Pelota. Mit einem Schläger oder einer Art Korbschaufel wird der Ball dabei mit der Geschwindigkeit eines Schnellzugs weggeschleudert.

Welchen Sport kennt man rund um den Globus?

Fußbälle werden in mehr als 160 Ländern der Erde gekickt, gedribbelt und ins Tor geschossen. Tausende spielen Fußball im Hinterhof und Park, auf der Straße und natürlich auf dem Fußballplatz.

Das älteste Ballspiel, das dem heutigen Fußballspiel ähnelt, heißt Zuqiu. Es wurde bereits vor 2 440 Jahren im alten China gespielt.

Wo leuchten Elefanten in der Dunkelheit?

Beim Fest Esala Perahera in Sri Lanka werden Elefanten mit herrlichen Überwürfen und blinkenden Lichterketten geschmückt. An einem nächtlichen Straßenumzug nehmen mehr als 50 Elefanten teil. Tausende von Trommlern und Tänzern lassen Peitschen knallen und schwenken bunte Fahnen.

So grün wie die irische Jnsel ist auch der Kobold der irischen Märchen und Jrlands Wahrzeichen – das grüne Kleeblatt.

Wer hat gern Grünes in Tellern und Tassen?

Der Heilige Patrick ist Jrlands Nationalheiliger und grün ist die Nationalfarbe des Landes. Am Namenstag des Schutzpatrons, dem 17. März, feiern die Jren überall auf der Welt ausgelassene Feste. Manche färben an diesem Tag sogar das Essen grün!

Wer picknickt auf dem Friedhof?

Der Tag der Toten ist ein mexikanischer Feiertag am 2. November – so wie bei uns Allerseelen. Die Menschen bringen Blumen und Kerzen an die Gräber und lassen sich dort zu einem Picknick nieder.

Zum Tag der Toten werden farbenfrohe Skelette aus Pappmaché gebastelt.

Jm Februar herrscht in zahlreichen Ländern der Karneval mit viel Musik und prächtigen Paraden.

Der Umzug der Esala Perahera findet im Ort Kandy auf Sri Lanka in der Zeit des Juli-Vollmondes statt.

Wo macht man Musik auf alten Ölfässern?

Auf den karibischen Jnseln bastelt man aus leeren Ölfässern Musiktrommeln, so genannte Steel Pans (Stahlpfannen). Der Fassdeckel wird schüsselförmig ausgehämmert. Danach wird die Blechschüssel behauen und gestimmt, bis die verschiedenen Felder eine ganze Reihe Töne von sich geben. Einige Trommeln erzeugen 30 verschiedene Töne.

● So genannte Steelbands spielen zur Karnevalszeit im Freien, auf Straßen oder am Strand.

Wer schlägt die Bongos?

Jn südamerikanischen Bands schlägt der Trommler oft auch die Bongos. Er klemmt sie zwischen die Knie und schlägt mit Fingern und Handflächen schwungvolle Rhythmen, die sofort zum Tanzen verführen.

Können Trommeln sprechen?

Jn entlegenen Gegenden Afrikas verbreiten Sprechtrommeln die neuesten Nachrichten. Mit Schlägen auf die Trommel ahmt der Spieler die Sprache nach. Um unterschiedliche Töne zu erzeugen, spannt oder lockert er die Trommelhaut.

● Das Volk der Tinguin auf den Philippinen glaubte, dass der Hall des Donners vom Gott Kadaklan erzeugt wird, wenn er auf seiner Trommel schlägt.

● Eine Trommel klingt fast wie ein brüllender Löwe – sie heißt Cuica. Diese Reibetrommel wird nicht geschlagen, vielmehr schiebt man einen Stecken oder Lederstreifen durch ein Loch in der Trommelhaut und erzeugt so ein tiefes Brummen.

Wo macht man Gamelan-Musik?

Gamelan ist eine Orchester-Musik aus Jndonesien. Das Zusammenspiel von Trommeln, Gongs, Xylofon und Glockenspielen erzeugt ein bezaubernd schönes Geklingel. Jn einem Gamelan-Ensemble erklingen bis zu 40 Jnstrumente.

● Auf Waschbrettern kann man nicht nur Wäsche schrubben. Jazz-Musiker gebrauchen sie hin und wieder als Jnstrument und scharren mit einem Stecken oder einem Metallring über die Rillen.

● Gamelan-Musik erklingt zu festlichen Anlässen.

Sind Rasseln nur Babyspielzeug?

Der trockene, raschelnde Klang von Rasseln gefällt nicht nur Babys. Die ersten Schüttelinstrumente waren vielleicht getrocknete Kürbisse, die mit Samenkörnern oder Kieselsteinen gefüllt waren, so wie die südamerikanischen Rumbakugeln, die so genannten Maracas.

● Die Triangel gehört zu den kleinsten Jnstrumenten. Größere Triangeln werden in manchen Gegenden der Welt benutzt, um Feueralarm zu schlagen. Auf lauten Straßen jedoch sind Sirenen dafür besser geeignet!

Was brüllt wie ein Stier?

Schwirrhölzer, auch Bull Roarer genannt, klingen nicht wirklich wie ein Stier. Das Holz wird an eine lange Schnur gebunden. Lässt man es über dem Kopf kreisen, erzeugt es ein auf- und abschwellendes Surren.

Was haben Termiten mit Musik zu tun?

Das Didgeridoo ist das traditionelle Jnstrument der Aborigines, der Ureinwohner Australiens. Das etwa eineinhalb Meter lange Rohr wird aus einem Ast des Eukalyptusbaumes gefertigt und schön verziert. Bei echten Didgeridoos ist das weiche Astinnere von Termiten ausgehöhlt worden. Diese Blasinstrumente haben dadurch einen besonders vollen und geheimnisvollen Klang.

● Didgeridoo-Spieler können während des Spielens gleichzeitig ein- und ausatmen.

Welches Instrument passt in den Mund?

Es heißt Maultrommel, Brummeisen oder Mundharfe. Man klemmt es zwischen die Zähne und zupft die Metallfeder mit den Fingern. Gespielt wird es vor allem in der Volksmusik und auch im Jazz.

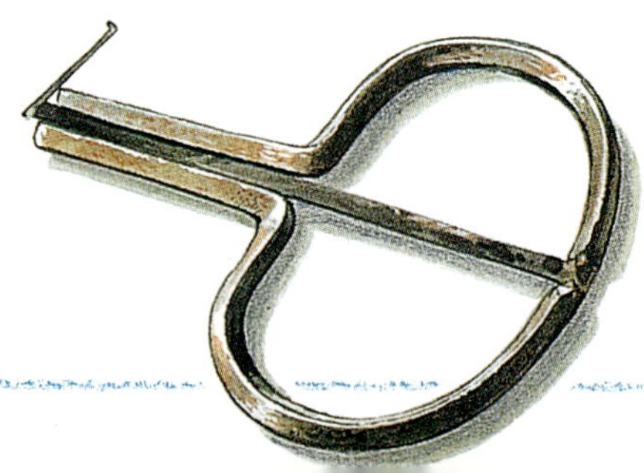

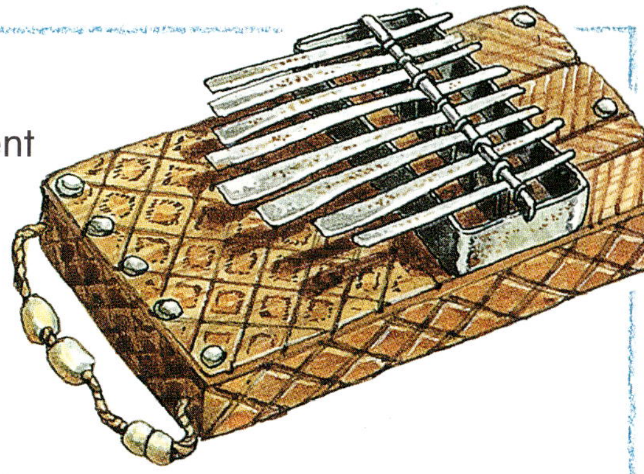

Ein typisches Jnstrument der Massai in Kenia ist das Daumenklavier (Marimba). Die metallenen Bänder werden mit dem Daumen gezupft.

Für welches Instrument braucht man ein Spinnennetz?

Nimm ein Stierhorn, höhle ein kleines Loch in das spitze Ende und spanne ein Spinnennetz oder eine Tierhaut über das weite Ende – fertig ist die Flöte, die Mirliton oder Kazoo genannt wird. Beim Hineinblasen oder Hineinsingen gibt sie einen summenden Ton von sich.

Ein amerikanischer Jazz-Musiker namens Roland Kirk konnte auf drei Saxophonen gleichzeitig spielen. Der muss Puste gehabt haben!

Ein Dudelsack kommt nicht unbedingt aus Schottland. Dieser afrikanische Ziegenhautdudelsack ist mit einem geschnitzten Ziegenkopf verziert.

Wüsten

Was ist eine Wüste?

Keine Gegend auf der Erde ist so trocken wie die Wüste. Dort regnet es in einem Jahr oft weniger als bei uns in einem Monat. Jn manchen Teilen der Sahara fällt zwanzig Jahre lang kein Regentropfen.

Über die ausgedörrten Trockenwüsten fegen die heftigsten Winde dieser Erde.

Sind Wüsten immer heiß?

Viele Wüsten sind tagsüber so heiß, dass man dort mühelos Spiegeleier zubereiten könnte. Das gilt nicht für jede Wüste: Jn manchen gehen glutheiße Sommer in eiskalte Winter über; in anderen herrscht jahraus jahrein ein klirrend kaltes Klima.

Selbst in einer heißen Wüste ist ein Pullover im Gepäck ratsam. Denn auch Tagestemperaturen von über 40° Celsius fallen nachts manchmal bis unter die Frostgrenze.

Nicht selten prasselt in der Wüste der gesamte Niederschlag eines Jahres in einem einzigen Wolkenbruch herunter.

Auch in einer Sandwüste trifft man hin und wieder auf große Felsbrocken. Sie sind in den heißesten Stunden des Tages willkommene Schattenspender für alle, die Schutz vor der sengenden Sonne suchen.

Sind Wüsten immer sandig?

Nein – es gibt auch Kieswüsten, Felswüsten und sogar Eiswüsten, wie die Landschaften der Arktis und Antarktis. Dort sind Regen und Sonnenschein Mangelware.

Charakteristisch für bestimmte Wüsten ist das rissige Oberflächenmuster der steinharten Salzpfannen.

Wo liegt die größte Wüste auf der Welt?

● Etwa ein Fünftel der Landfläche weltweit ist Wüstengebiet.

Die Sahara in Nordafrika ist die größte Wüste der Erde. Sie entspricht etwa der Fläche Europas.

Kartenerklärung

- **Trockenwüsten fast ohne Niederschlag**
- **Wüsten mit spärlichem Pflanzenwuchs**
- **Halbwüsten mit Büschen und Sträuchern**

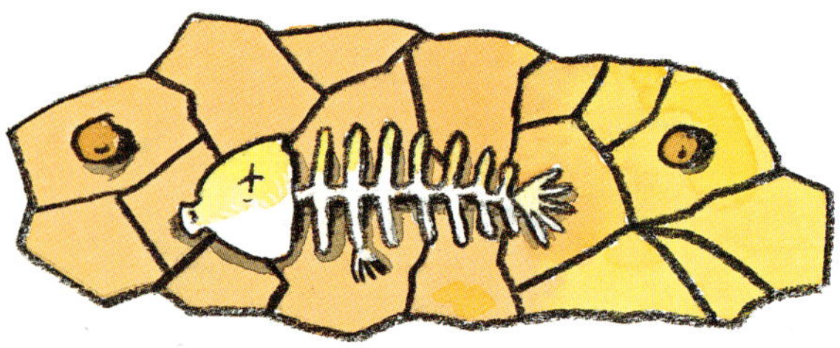

● Das Tal des Todes, ein tiefer Graben in der Mojave-Wüste, liegt 86 Meter unter dem Meeresspiegel und ist damit der tiefste Ort der USA.

● Kein Ort auf der Erde ist trockener als die Atacama-Wüste in Südamerika. Jn Teilen der Wüste fiel zwischen 1570 und 1971 kein einziger Regentropfen – genau 401 Jahre lang!

● Nur in Europa gibt es keine Wüsten.

● Die Große Arabische Wüste auf der Arabischen Halbinsel ist die größte Sandwüste nach der Sahara.

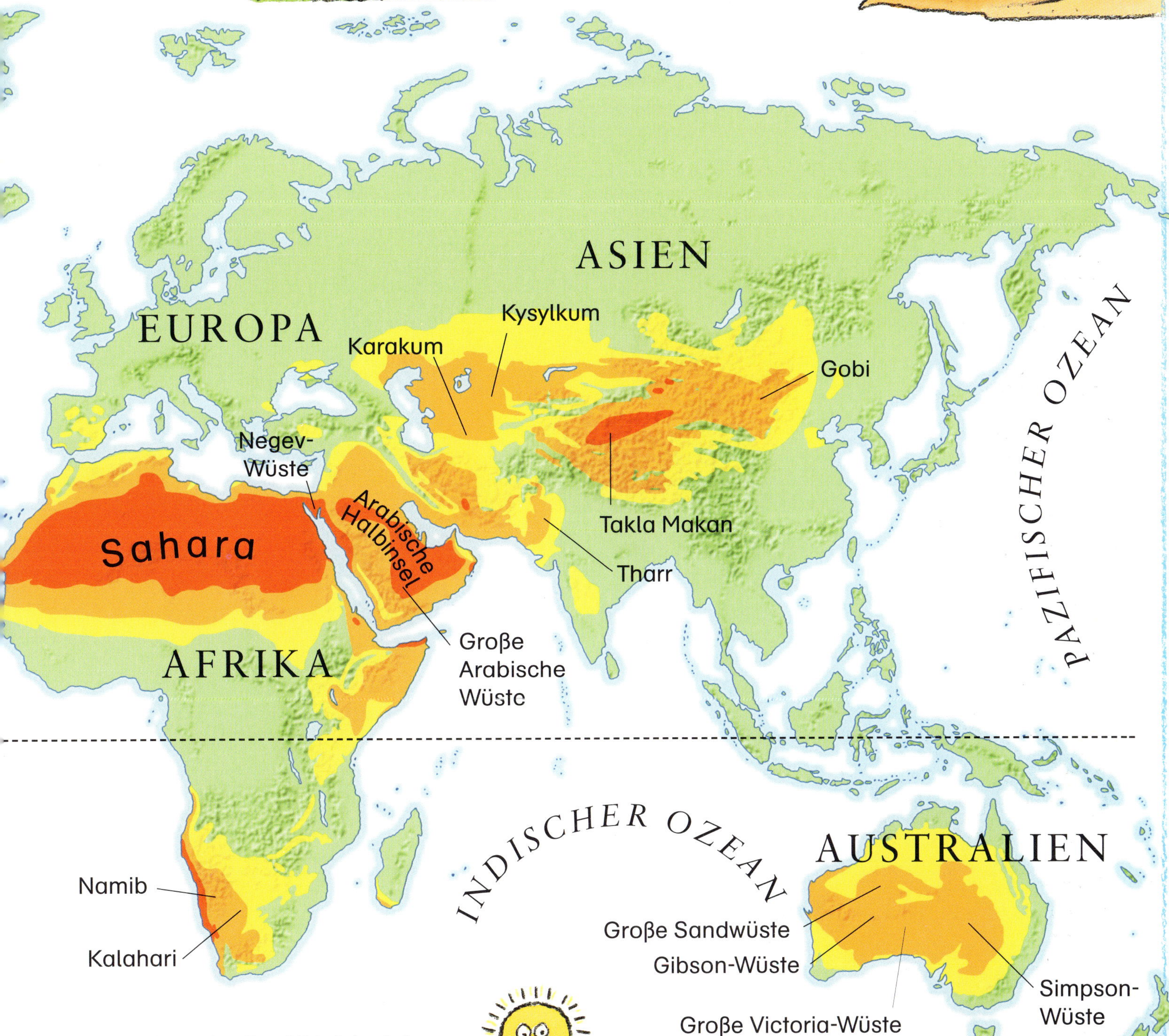

● Der libysche Ort Al`Aziziyah in der Sahara ist seit 1922 Rekordhalter für die höchste Temperatur, die je im Schatten gemessen wurde - schweißtreibende 58° Celsius.

● Australien besteht zu zwei Dritteln aus Wüste.

Wie kommt der Sand in die Wüste?

Sandwüsten werden vom Wind geschaffen. Er bläst stetig gegen die Felsen und lässt sie verwittern. Unendlich langsam zerbricht das Gestein in Brocken, die – nach weiteren Jahrtausenden – in winzige Sandkörnchen zerbröseln.

● Kräftige Wüstenwinde wirbeln oft riesige Sandwolken auf. Sie fegen mit solcher Wucht über das Land, dass sie den Lack eines Autos mühelos sandstrahlen.

Wie hoch können Sanddünen werden?

Sanddünen in der Wüste gibt es in allen Größen, vom Ausmaß eines Kamelhöckers bis hin zum steilen Hügel. Die höchsten Dünen erheben sich auf über 300 Meter – das ist mehr als doppelt so hoch wie die größte Pyramide Ägyptens!

Wo „wachsen“ diese Pilzfelsen?

Ganz klar - in einer Wüste! Die Kraft des Windes formt aus dem Gestein über Jahrtausende hinweg wunderschöne, bizarre Gebilde.

● Bei Sonnenaufgang und Sonnenuntergang leuchten die unterschiedlichen Gesteinsschichten der Painted Desert – der „angemalten Wüste“ – in Arizona in allen Farben des Regenbogens – in Blau und Violett, Goldgelb, Braun und Rot.

● Gerät der Dünensand in Bewegung, gibt er manchmal seltsam dröhnende oder singende Laute von sich – einfach gespenstisch!

● Manche Sanddünen haben die Form eines Halbmondes

● . . . während andere wie ein Stern aussehen.

● Eine S-förmige Sanddüne nennt man „Seif“, nach dem arabischen Wort für „Schwert“.

Was ist eine Oase?

Obwohl in der Wüste kaum Regen fällt, steigt das Grundwasser an manchen Stellen bis an die Erdoberfläche. Dort haben die Pflanzen das ganze Jahr über ausreichend Wasser, um zu gedeihen. So einen Ort nennt man Oase.

● Ein Qanat ist ein von Menschenhand erbauter, unterirdischer Bewässerungskanal in der Wüste.

Wann kommt Wasser in ein Wadi?

„Wadi“ nennt man ein Flussbett mitten in der Wüste. Es ist die meiste Zeit des Jahres staubtrocken. Setzen heftige Regenfälle ein, füllt sich das Wadi jedoch blitzschnell und wird zu einem meterhohen, reißenden Strom.

● Jn der australischen Wüstenstadt Alice Springs wird jedes Jahr ein Rennen der besonderen Art im trockenen Flussbett des Todd River ausgetragen. Die Teilnehmer tragen die Boote und laufen!

Wie führt uns die Wüstensonne hinters Licht?

Durstige Wanderer lechzen in der Wüste nach Wasser. Nur leider ist das schimmernde blaue Nass am Horizont oft nur eine Luftspiegelung des Himmels. So ein Trugbild nennt man Fata Morgana.

● Eine Fata Morgana entsteht, wenn Sonnenlicht in einer bodennahen warmen Luftschicht gebrochen wird. Der Fachbegriff heißt Refraktion.

Wie halten es Pflanzen in der Wüste aus?

Ohne Wasser kann kein Geschöpf überleben. Die Anpassung an das trockene Wüstenklima ist daher für jedes Lebewesen schwierig. Pflanzen saugen das Wasser an die Oberfläche. Sie nehmen dabei Wurzeln zu Hilfe, die tief in die Erde hinabreichen.

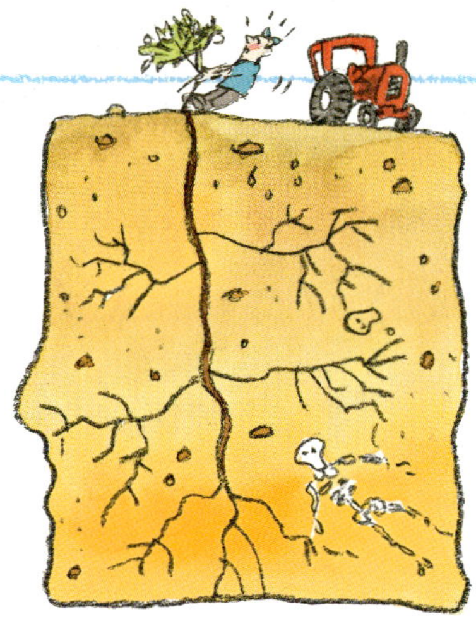

Die Wurzeln der Mesquiten-Pflanzen erreichen sogar noch Wasseradern, die in 30 Meter Tiefe liegen.

Hat es geregnet, geben Wüstenpflanzen das wertvolle Nass nicht mehr so schnell her. Einige Arten haben ihren Wasservorrat in fleischigen Blättern. Kakteen nutzen ihre dicken Stämme als Wasserspeicher.

Warum hat der Kaktus Stacheln?

Wie mit einem Stacheldrahtzaun schützt sich der Kaktus mit Hilfe seiner Stacheln vor den meisten Fressfeinden.

Kein Kaktus ist größer als der Riesensäulenkaktus. Er kann mit zwölf Metern so hoch wie ein Haus werden!

Wann blühen in der Wüste die Blumen?

Einige Wüstenpflanzen erwachen erst dann zum Leben, wenn es regnet. Mit den ersten Regentropfen beginnen ihre Samen zu keimen und die Staubwüste verwandelt sich fast über Nacht in eine farbenprächtige Blumenwiese.

Lebende Steine sind Pflanzen, die Kieselsteinen täuschend ähnlich sehen. Diese Tarnung schützt sie vor Fressfeinden.

Lass dich nicht vom verwelkten Aussehen der Welwitschia täuschen! Diese Wüstenpflanze kann nämlich mehr als 2000 Jahre alt werden!

Wie lange kommen Kamele ohne Wasser aus?

Kamele halten, ohne zu trinken, viele Tage aus – wenn sie saftige Pflanzen zu fressen finden, sogar Wochen. An der Tränke nimmt ein Kamel bis zu 100 Liter Wasser auf.

● Es gibt zwei verschiedene Kamelarten: die Dromedare mit einem Höcker und die Trampeltiere mit zwei Höckern.

● Ein Kamel kann wochenlang ohne Nahrung auskommen, weil es wie in einem Rucksack Fettvorräte in seinem Höcker mit sich trägt.

● Viele Wüsteneidechsen haben Fettreserven in ihrem Schwanz.

Gibt es Wüstentiere, die nie trinken?

Wüstenspringmäuse (rechts) und Kängururatten trinken nie. Sie nehmen das Wasser, das sie brauchen, über die Nahrung auf.

Können Kröten in der Wüste überleben?

● Die meisten anderen Krötenarten bevorzugen Feuchtgebiete. Wie alle Amphibien legen sie ihre Eier im Wasser ab.

Die nordamerikanische Schaufelfußkröte überlebt die Dürre in der Wüste mit einem Trick: Sie verkriecht sich das ganze Jahr über in einer kühlen, unterirdischen Höhle, die sie nur in der Regenzeit verlässt, um ihre Eier abzulegen.

● Der Morgennebel der Wüste Namib dient dem Schwarzkäfer als Wasserquelle. Er reckt sein Hinterteil in die Höhe und fängt damit winzige Tröpfchen auf, die in seinen Mund perlen.

● Das Männchen des Flughuhns ist ein fliegender Durstlöscher. Es taucht seine Brust in die oft weit entfernten Wasserstellen. Der Flaum unter den Deckfedern saugt sich wie ein Schwamm voll. Dann fliegt es zum Nest und tränkt damit seine Küken.

Wie bewahren Wüstenfüchse einen kühlen Kopf?

Beim Kitfuchs funktionieren die großen Ohren wie der Kühler eines Autos. Sie geben Wärme ab und halten damit die Körpertemperatur niedrig.

● Auch der Kalifornische Eselhase behält mit Hilfe seiner großen Ohren in der Wüste einen kühlen Kopf.

Welches Tier hat einen eigenen Sonnenschirm?

Anders als viele kleine Wüstenbewohner verbringt das Erdhörnchen den Tag in der prallen Sonne. Jn der Mittagsglut spendet sein Schwanz wie ein Sonnenschirm Schatten!

● Droht Gefahr, signalisieren Erdhörnchen das ihren Artgenossen mit dem Schwanz.

● Der Wüstengoldmull verbringt die meiste Zeit damit, sich durch den Sand zu wühlen. Jn nur einer Nacht kann er unterirdisch mehr als vier Kilometer zurücklegen!

● Viele Wüstenbewohner haben ein helles Fell. Es reflektiert die Sonne und hält den Körper kühl.

Warum lieben Wüstentiere die Dunkelheit?

● Der Elfenkauz zieht sich vor der unbarmherzigen Wüstensonne in verlassene Bruthöhlen in den Säulenkakteen zurück.

Viele kleine Wüstenbewohner leben während der Hitze des Tages in unterirdischen Höhlen. Abends, nachts und am frühen Morgen, wenn es kühler ist, verlassen sie ihre Verstecke und gehen auf Nahrungssuche.

Wie töten Klapperschlangen ihre Beute?

Eine Klapperschlange greift blitzschnell an. Mit weit geöffnetem Maul stößt sie ihre Giftzähne in das Beutetier. Kleine Tiere sind innerhalb weniger Sekunden tot.

● Klapperschlangen heißen so, weil sie mit ihrer Schwanzspitze ein lautes Geklapper erzeugen können.

Welche Wüsteneidechsen sind giftig?

Jn den Wüsten leben unzählige verschiedene Eidechsenarten. Aber nur zwei davon sind giftig – die Gila-Krustenechse Nordamerikas und die mexikanische Skorpion-Krustenechse. Diese Eidechsen setzen ihr Gift meist nur zum Schutz gegen Feinde ein.

Der Chuckwalla-Leguan quetscht sich zum Schutz vor Feinden in Felsspalten, wo er seinen Leib zusätzlich mit Luft aufbläht. Dort sitzt er dann fest wie ein Korken im Flaschenhals.

Wozu ist der Stachel am Schwanzende der Skorpione?

Der Stachel eines Skorpions ist mit einer Giftdrüse verbunden. Er wird nur dann eingesetzt, wenn das Tier gereizt wird. Zum Beutefang benutzt es lieber seine Scheren. Skorpione sehen schlecht. Auf der Jagd riechen und ertasten sie ihre Beute mehr als dass sie sie sehen.

Auf dem Speiseplan der Skorpione stehen vor allem Jnsekten und Spinnen. Größere Skorpione vertilgen sogar Eidechsen und Mäuse.

Wie leben die Menschen in der Wüste?

Um in der Wüste zu überleben, braucht man ausreichend Wasser- und Nahrungsvorräte. Manche Wüstenvölker gehen immer wieder auf Wanderschaft, um neue Quellen und Nahrung zu finden. Man nennt sie Nomaden.

Das Volk der San in der Kalahari spürt gekonnt selbst kleine Wasseradern unter der Sandoberfläche auf. Mit einem Schilfrohr saugen diese Menschen das Wasser an die Oberfläche und bewahren es in der Schale eines Straußen-Eis auf.

Wovon ernähren sich Nomaden?

Heute gehen nur noch wenige Nomadenvölker auf Jagd. Viele besitzen Viehherden und leben von Milch und Käse.

Zum Nachtisch Ameise?

Um zu überleben stand auf dem Speisezettel der Aborigines, den Ureinwohnern der australischen Wüsten, alles, was ihnen die Natur bot – nämlich Kängurus, Eidechsen, Jnsekten oder Pflanzen. Süßes fand man selten. Honigtopfameisen waren daher ein besonderer Leckerbissen.

● Bringt der Regen die Wüste zum Blühen, ernähren sich die Honigtopfameisen vom süßen Nektar der Blumen. Der geblähte Hinterleib dient dabei als Vorratskammer und verwandelt die Tiere in lebende Honigtöpfe.

● Die Tuareg der Sahara sind Hirtennomaden. Die Gesichter der Männer sind traditionell mit einem Schleier verdeckt. Er schützt vor Sand und Staub.

● Nomaden bleiben an einem Ort, bis ihre Nahrungs- und Wasservorräte zur Neige gehen. Dann ziehen sie weiter.

Warum gibt es in der Wüste Lehmhäuser?

Lehm ist ein gutes Baumaterial. Häuser mit dicken Mauern aus Lehm bleiben innen auch bei großer Hitze kühl. Sie sind jedoch warm, wenn es draußen frostig wird. Und Lehm ist billig zu haben – man muss nur danach graben.

Zum Hausbau verwendet man entweder reine Lehmfladen oder Lehmziegel, in die Stroh und Tierhaar gemischt sind.

Gibt es Städte in der Wüste?

Natürlich! Ein Nomadenleben wie früher führen heute nur noch wenige. Die Menschen sind in der Nähe von Oasen, an den Wüstenrändern oder in Flusstälern, wie dem Niltal, sesshaft geworden.

Wer lebt in einem Haus aus Haar?

● Die Zelte der nomadischen Beduinen des Nahen Ostens bestehen aus gewebtem Ziegenhaar.

Das Zelt der Beduinen ist aus Ziegenhaar gewebt. Es ist luftdurchlässig bei Hitze und wird wasserdicht, wenn Regen darauf fällt. Viele Beduinen im Nahen Osten ziehen nicht mehr wie früher das ganze Jahr als Nomaden mit ihren Tierherden umher. Sie leben daher die meiste Zeit in einem Haus aus Holz, Lehm oder Stein.

Gibt es Bilder in der Wüste?

Jn der südamerikanischen Nazca-Wüste scharrten Menschen vor über 1200 Jahren riesige Tierbilder und Muster in den steinigen Untergrund. Die kilometerlangen Figuren kann man nur aus der Luft oder von Hügeln aus betrachten. Die hellen Linien sehen aus wie Landebahnen für außerirdische Flugobjekte.

Wie kamen die Kamele nach Australien?

Robert Burke und William Wills waren die ersten Siedler, die den australischen Kontinent 1861 von Süden nach Norden durchquerten. Da die Expedition mitten durch die Wüsten des Landes führte, sollten Kamele ihre Vorräte tragen. Doch es gab damals keine Kamele in Australien. Sie wurden deshalb aus Afghanistan ins Land gebracht und wilderten später aus.

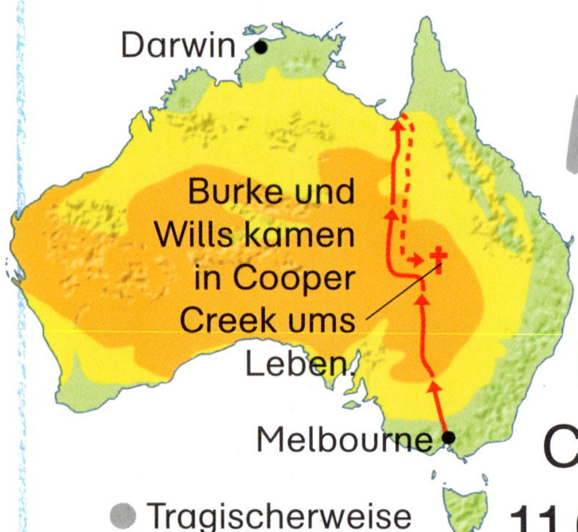

● Tragischerweise starben Burke und Wills auf ihrem Rückweg in den Süden den Hungertod. Jhr Gefährte John King überlebte.

Wer überquerte die Sahara in einem Leichtflugzeug?

Es war die britische Dokumentarfilmerin Christina Dodwell, die in einem 11 000 Kilometer langen Flug in den achtziger Jahren ganz Afrika überflog. Jhr Ultraleichtflieger hieß Pegasus, wie das geflügelte Pferd der griechischen Sagen.

Wer füllte Wasser in seine Stiefel, um ein Leben zu retten?

Der Schwede Sven Hedin wäre beinahe verdurstet, als er um 1890 die Takla Makan in Asien überquerte. Als er schließlich doch noch auf Wasser stieß, waren zwei seiner Gefährten tot, ein dritter war bereits Stunden zuvor zusammengebrochen. Hedin brachte ihm in seinen Stiefeln Wasser und rettete sein Leben.

● Als der chinesische Mönch Hsuan Tsang im 7. Jahrhundert allein in die Wüste Gobi ging, zerplatzte sein Wasserbeutel auf dem Boden. Doch das Pferd rettete den Mönch vor dem Verdursten. Es witterte Gras um ein Wasserloch und führte ihn zielsicher hin.

Wo rasen Superflitzer durch die Wüste?

Der Brite Andy Green wurde im Oktober 1997 mit seinem Düsenfahrzeug Thrust SSC zum weltweit schnellsten Mann auf Rädern. Er erreichte auf den endlosen Weiten der Black Rock Wüste in Nevada ein Rekordtempo von unvorstellbaren 1227,9 Stundenkilometern.

● Jedes Jahr im Januar setzen die Teilnehmer des Wüstenrennens Paris – Dakar in der Sahara ihr Leben aufs Spiel. 1983 mussten 40 Fahrer gerettet werden, nachdem ihnen ein Sandsturm die Orientierung geraubt hatte.

Warum werden Raumfahrzeuge in der Wüste erprobt?

● Der Weltraum-Rover Sojourner wurde vor seinem Einsatz auf dem Mars, wo er 1997 landete, in US-Wüsten getestet.

Auf der Erde kommt die Trockenwüste den Bedingungen auf dem Mars am nächsten. Das macht sie zum idealen Testgelände für Raumfahrzeuge.

Wo findet der härteste Wettlauf der Welt statt?

Natürlich in der Wüste! Der berüchtigte Sandmarathon führt durch die Sahara. Die Wettkämpfer laufen in sechs Tagen 230 Kilometer – etwa die fünffache Strecke eines normalen Marathons!

● Mit Ausnahme des Zelts müssen die Sahara-Läufer auch bei Mittagstemperaturen bis zu 45° Celsius alles, was sie brauchen, selbst tragen.

● Kamelrennen sind in den arabischen Wüsten keine Seltenheit. Jm Galopp erreichen die Tiere Höchstgeschwindigkeiten von mehr als 30 Stundenkilometern.

Gibt es wertvolle Schätze in der Wüste?

Ja – in der Wüste hat man schon Gold, Silber und sogar Diamanten entdeckt. Eine der weltweit größten Diamantenminen liegt in der Wüste Kalahari.

● Salz war einst so kostbar wie Gold, und tief in der Sahara gab es viele Salzminen.

Was ist Schwarzes Gold?

Erdöl wird als „Schwarzes Gold" bezeichnet, weil es einer der wertvollsten Bodenschätze der Erde ist. Die Entdeckung einer Erdölquelle hat Landbesitzern und ganzen Nationen großen Wohlstand gebracht.

● Eine riesige Menge des weltweiten Rohölaufkommens wird durch Bohrungen tief unter den arabischen Wüsten erschlossen.

Wie liefert die Wüste umweltfreundliche Energie?

Jn Solarkraftwerken werden Sonnenstrahlen in Strom umgewandelt. Sie sind umweltfreundlicher als Kraftwerke, die Erdöl oder Kohle verbrennen, zumal ihnen die sonnigen Wüsten ideale Bedingungen bieten.

● Wertvolles muss nicht immer schimmern und funkeln. Amerikanische Archäologen fanden in der Wüste Gobi 1923 erstmals fossile Dinosaurier-Eier. Der seltene Fund wurde später für viele tausend Dollar verkauft.

● Das größte Sonnenkraftwerk der Welt steht in der Mojave-Wüste in den USA.

War die Sahara einst ein blühendes Land?

Klimaveränderungen brauchen viel Zeit. Vor vielen tausend Jahren war die Sahara noch keine Wüste, sondern eine Graslandschaft mit vielen Tieren. Fossilien und steinzeitliche Felsmalereien zeigen Antilopen, Giraffen und Elefanten.

Wie wird bewachsenes Land zur Wüste?

Jntensive Landwirtschaft führt dazu, dass Tiere die Randzonen der Wüste kahl fressen. Humus, der vorher an die Wurzeln der Pflanzen gebunden war, trocknet aus und wird vom Wind weggeblasen. Das Land wird zur Wüste.

● Wüsten breiten sich auch aus, wenn es wegen Klimaveränderungen weniger regnet.

Steinzeitliche Felsmalereien erzählen von Flüssen und Seen in der heutigen Sahara. Dort haben Wassertiere wie Nilpferde und Krokodile, aber auch Menschen einst ein Bad genommen.

Kann man Wüsten wieder fruchtbar machen?

Jn einigen Ländern Arabiens werden Abfallprodukte der Ölraffinerien auf die Sanddünen gesprüht. Die schlammige Mischung bindet Wasser und trägt so dazu bei, dass dort Pflanzen wachsen können.

Mit riesigen Bewässerungsanlagen lassen sich Wüsten begrünen. So entstehen in Teilen Nordafrikas mit Hilfe gigantischer, rotierender Sprinkler kreisrunde Felder im Wüstensand.

Bauwerke

Woraus werden Häuser gebaut?

Die meisten Häuser sind aus Backstein gemauert, doch man kann fast jedes Material verwenden – es muss nur stark genug sein und dem Wetter standhalten. Bevorzugt werden Materialien verwendet, die leicht zu beschaffen sind: Backstein, Ziegelstein, Holz, Schilf oder Lehm.

● Der Maurer gibt Mörtel zwischen die Backsteine. Mörtel ist ein Gemisch aus Wasser, Sand und Zement, das die Steine miteinander verbindet.

● Jm Sommer schützen uns Häuser vor Hitze, im Winter vor Kälte und Regen.

● Das Mauerwerk eines zweistöckigen Hauses besteht aus rund 12 000 Backsteinen.

● Manche Vogelarten bauen Nester aus Lehm. Lehmziegel formen sie allerdings nicht daraus.

● Jm Wald gibt es keine Mauersteine, dafür aber jede Menge Holz für den Bau von Holzhütten.

● Die Sumpflandbewohner im südlichen Jrak bauen schöne Häuser aus Schilfrohr.

● Jn heißen Gegenden wie in Afrika baut man Häuser oft aus einem Gemisch aus Lehm und Stroh. Jn der Sonne wird es schnell trocken und fest.

Warum fallen Decken nicht herunter?

Das Gewicht von Decken und Böden wird von starken Holzbalken getragen. Jn jedem Zimmer liegen diese Träger unter den Fußbodendielen und über der Decke.

Das Dach wird von dicken Holzdachsparren zusammengehalten und ist mit Ziegeln gedeckt, damit es nicht hineinregnet.

Manchmal wohnen unter dem Fußboden ungebetene Gäste, wie etwa gefräßige Holzwurmmaden.

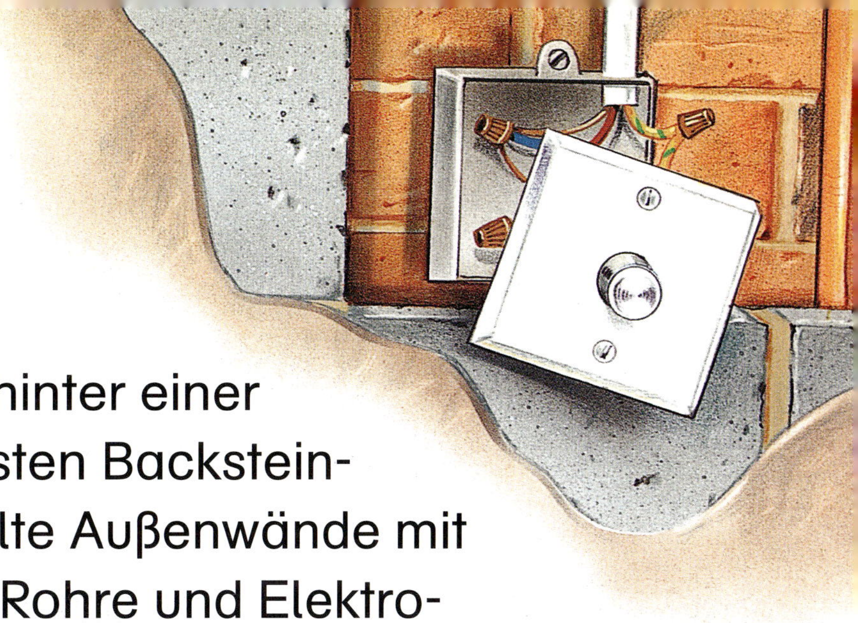

Was ist hinter einer Wand?

Normalerweise befindet sich hinter einer Wand nichts als Luft! Die meisten Backsteinhäuser haben nämlich doppelte Außenwände mit Hohlräumen dazwischen. Rohre und Elektrokabel werden darin verlegt.

● Ein Haus bauen ist Gemeinschaftsarbeit: Der Klempner verlegt die Rohre, der Elektriker die Kabel und der Schreiner setzt Fenster, Türen und Schränke ein.

Was ist unter dem Fußboden?

Unter dem Fußboden liegen Rohre. Wasserrohre leiten sauberes Wasser durch das Haus und Abflussrohre leiten das Abwasser ab. Es gibt aber auch Gasrohre, durch die Gas zum Heizen, Kochen und Waschen strömt.

Was macht ein Bulldozer?

Bulldozer nennt man auch Planierraupen. Sie schaffen Bauschutt weg und ebnen den Boden ein, damit man ihn bebauen kann. Eine riesige Stahlschaufel an der Vorderseite hebt haufenweise Erde, Steine oder Schutt vom Boden. Bulldozer sind ungeheuer schwere und starke Maschinen – ideal, um etwas beiseite zu schaffen.

● Manche Bulldozer haben an der Rückseite einen Arm mit großen Metallspitzen, die man Spaltmesser nennt. Sie werden eingesetzt, um hartes Gestein zu spalten oder Baumstümpfe aus der Erde zu ziehen.

● „Bull“ ist das englische Wort für Stier.

● Es gibt sogar spezielle Unterwasser-Bulldozer, die den Boden von Flüssen oder Meeren glatt walzen, um darauf Brücken bauen zu können.

● Ein Bulldozer gewann einmal im Tauziehen gegen 150 Menschen!

Warum bleiben Bulldozer nicht stecken?

Ein Bulldozer hat keine Reifen, sondern so genannte Raupenketten, die an jeder Seite über Vorder- und Hinterrad laufen. Raupenketten haben eine gute Bodenhaftung und verhindern, dass der Bulldozer in weicher Erde oder im Schlamm einsinkt.

● Ein Bulldozer wiegt etwa 500-mal so viel wie du. Doch im Gegensatz zu dir sinkt er wohl nicht so schnell im Schlamm ein, denn sein Gewicht wird über die Raupenketten gleichmäßig verteilt.

Warum werden Löcher ausgehoben?

Will man ein Haus bauen, muss man zuerst Löcher aus dem Boden heben. Diese werden dann mit flüssigem Beton aufgefüllt, der erhärtet. Auf diesem festen Grund, dem so genannten Fundament, wird danach das Haus gebaut.

● Viele Schaufelbagger sind vorne mit einem großen Schaufelkorb und hinten mit einem Aushubkorb versehen.

● Ein Bagger gräbt so schnell wie zwanzig Leute mit Spaten.

● Die größten Bagger können das Gewicht von fünf großen Autos auf einmal heben. Eingesetzt werden die so genannten Löffelbagger im Grubenbau. Sie sind rund zehnmal größer als durchschnittliche Schaufelbagger.

● Bagger heben auch Gruben für den Bau von Schwimmbecken, Müllhalden und streng geheimen unterirdischen Lagern aus!

Was macht ein Schaufelbagger?

Ein Schaufelbagger kann mehr als nur Erde ausheben. Der große Korb ist auch gut geeignet, um Geröll auf einen Laster zu schaufeln. Mit einer Art Schere kann er außerdem Balken und Rohre greifen und heben.

● Auch ein schwerer Hammer lässt sich an einen Bagger montieren, um beispielsweise große Steine zu zertrümmern.

Haben Gebäude Wurzeln?

Wolkenkratzer stehen auf Fundamentpfeilern aus Stahl oder Beton. Sie erfüllen die gleiche Funktion wie Baumwurzeln: Sie verhindern, dass das Gebäude bei Sturm umkippt oder unter seinem eigenen Gewicht in die Erde absinkt.

Welcher Hammer ist der stärkste?

Um einen Nagel in die Wand zu schlagen, braucht man einen Hammer. Um einen Stahlpfeiler in den Boden zu schlagen, verwendet man einen viel größeren Hammer, einen so genannten Pfahlrammer. Ein Kran hebt ihn hoch und lässt ihn auf den Pfeiler krachen.

Welcher Schraubenzieher ist der größte?

Manchmal werden Pfahllöcher mit einem großen Schneckenbohrer gebohrt – einem langen, sich drehenden Schneidwerkzeug, das sich wie ein riesiger Schraubenzieher tief in die Erde bohrt. Danach wird ein Stahlpfeiler in das Loch gesetzt und mit tonnenweise Beton ausgegossen.

- Die Pfeiler einiger Wolkenkratzer reichen über 50 Meter tief in den Boden hinein – als wären fünf Häuser übereinander im Boden versenkt.

- Jn vielen Städten und Ländern ist der Einsatz von Pfahlrammern zu nachtschlafender Zeit verboten. Sie machen einfach viel zu viel Radau.

Haben Gebäude ein Skelett?

Heute haben die meisten Bauwerke inwendig ein starkes Stahlgerippe. Dieses Gerippe hat eine ähnliche Funktion wie das Knochenskelett im menschlichen Körper. Es stützt das Gebäude und verhindert, dass es zusammenbricht.

- Einige Balken werden mit großen Nägeln, so genannten Nieten, miteinander verbunden. Diese werden durch Löcher geschlagen und dann an den Enden geplättet, damit sie nicht wieder herausrutschen.

- Andere Balken werden durch Schweißen zusammengefügt. Dabei werden die Enden erhitzt, bis sie schmelzen und wie heiße Schokolade ineinander fließen. Beim Abkühlen erhärten sich die Enden wieder und sind fest verschweißt.

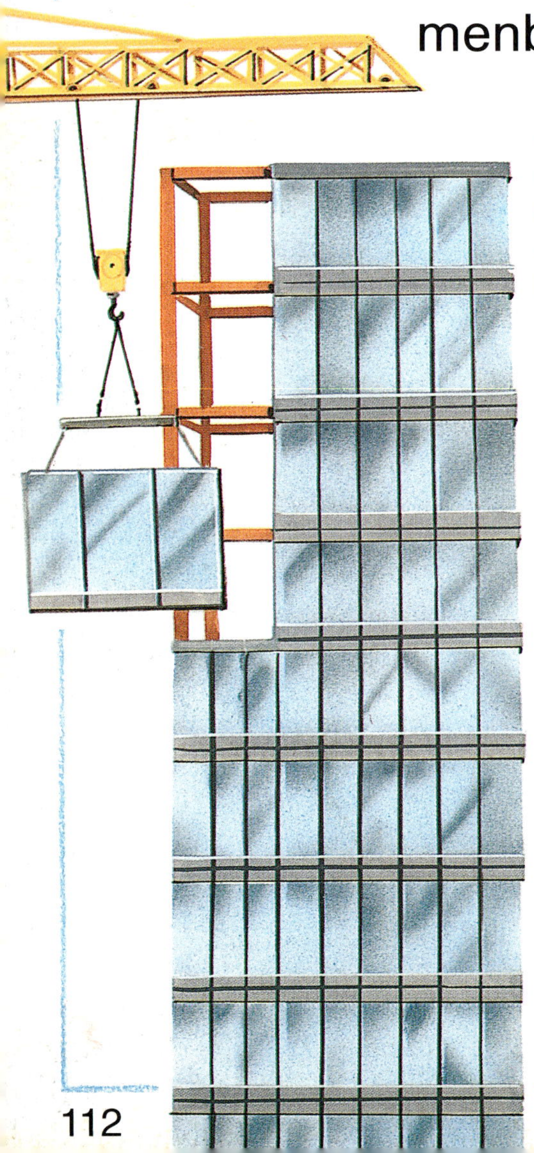

- Das Gerippe eines Wolkenkratzers besteht aus Stahlbalken und Rohren. Es gibt verschiedene Trägertypen, darunter einen, der am Ende buchstabenförmig geformt ist – wie ein I oder ein H. Balken dieses Typs sind stärker und leichter als quadratische Balken.

Sind Gebäude verkleidet?

Von außen sieht man an einem Gebäude Fenster und Wände. Moderne Wolkenkratzer sind oft mit einer Glas- oder Kunststofffassade sowie dünnen Beton- oder Steinplatten vertäfelt. Diese Fassaden und Platten nennt man Verkleidung.

Welcher Kran ist der höchste?

Turmkräne ragen mitunter höher in den Himmel als 15 übereinander gestapelte Häuser. So hohe Kräne sind nötig, wenn man Wolkenkratzer bauen will, um Baumaterial nach oben zu befördern.

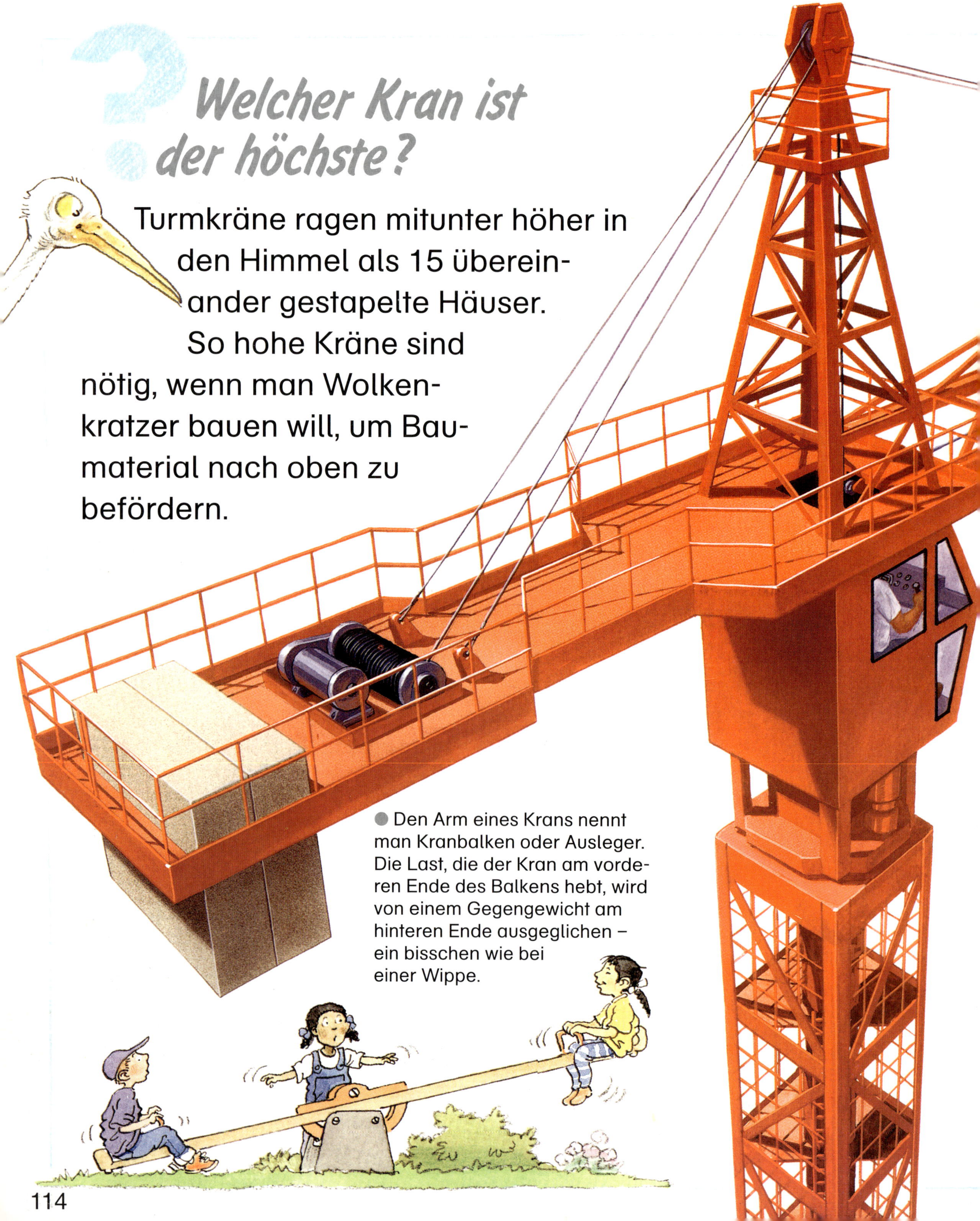

● Den Arm eines Krans nennt man Kranbalken oder Ausleger. Die Last, die der Kran am vorderen Ende des Balkens hebt, wird von einem Gegengewicht am hinteren Ende ausgeglichen – ein bisschen wie bei einer Wippe.

Wie viel Gewicht kann ein Kran heben?

Die stärksten Kräne stehen auf speziellen Schwimmplattformen im Meer und können Schiffe, die über 5000 Tonnen wiegen, vom Meeresboden heben. Das ist so, als würde ein einziger Kran alle Menschen, die in ein riesiges Fußballstadion passen, auf einmal hochheben.

● Woher kommt wohl die Bezeichnung Kran? Logisch – ein Kran ist groß und schlank wie der langhalsige Stelzenvogel namens Kranich.

● Bis zum Führerhaus eines Turmkrans ist es ein langer Aufstieg. Jn manchen gibt es sogar eine Toilette, damit der Kranführer nicht immer rauf und runter klettern muss.

● Wärst du gerne Kranführer? Dann sei froh, dass du nicht vor 2000 Jahren gelebt hast. Jm alten Rom waren die Kranführer nämlich Sklaven, die den ganzen Tag in einem großen Rad, einer so genannten Tretmühle, laufen mussten.

Welches sind die höchsten Bauwerke der Welt?

Wolkenkratzer sind die höchsten Bauwerke der Welt – doch halten sie diesen Rekord erst seit ungefähr einhundert Jahren. Davor waren die großen Kathedralen Europas die höchsten Gebäude.

3 1887-89 wurde der 300 Meter hohe Eiffelturm in Paris erbaut.

● Jn den oberen Etagen eines Wolkenkratzers wohnt man mitunter so hoch über den Wolken, dass man telefonisch nachfragen muss, ob es unten auf der Straße vielleicht regnet.

1 Die größte Pyramide wurde vor 4500 Jahren in Giseh in Ägypten erbaut. Sie ist 146 Meter hoch.

2 Bis 1548 war die Lincoln Cathedral in England mit 160 Metern das höchste Bauwerk der Welt. Dann fiel die Kirchturmspitze herunter.

● Das größte Kartenhaus der Welt war gut über 4 Meter hoch – fast doppelt so hoch wie bis zur Decke deines Schlafzimmers.

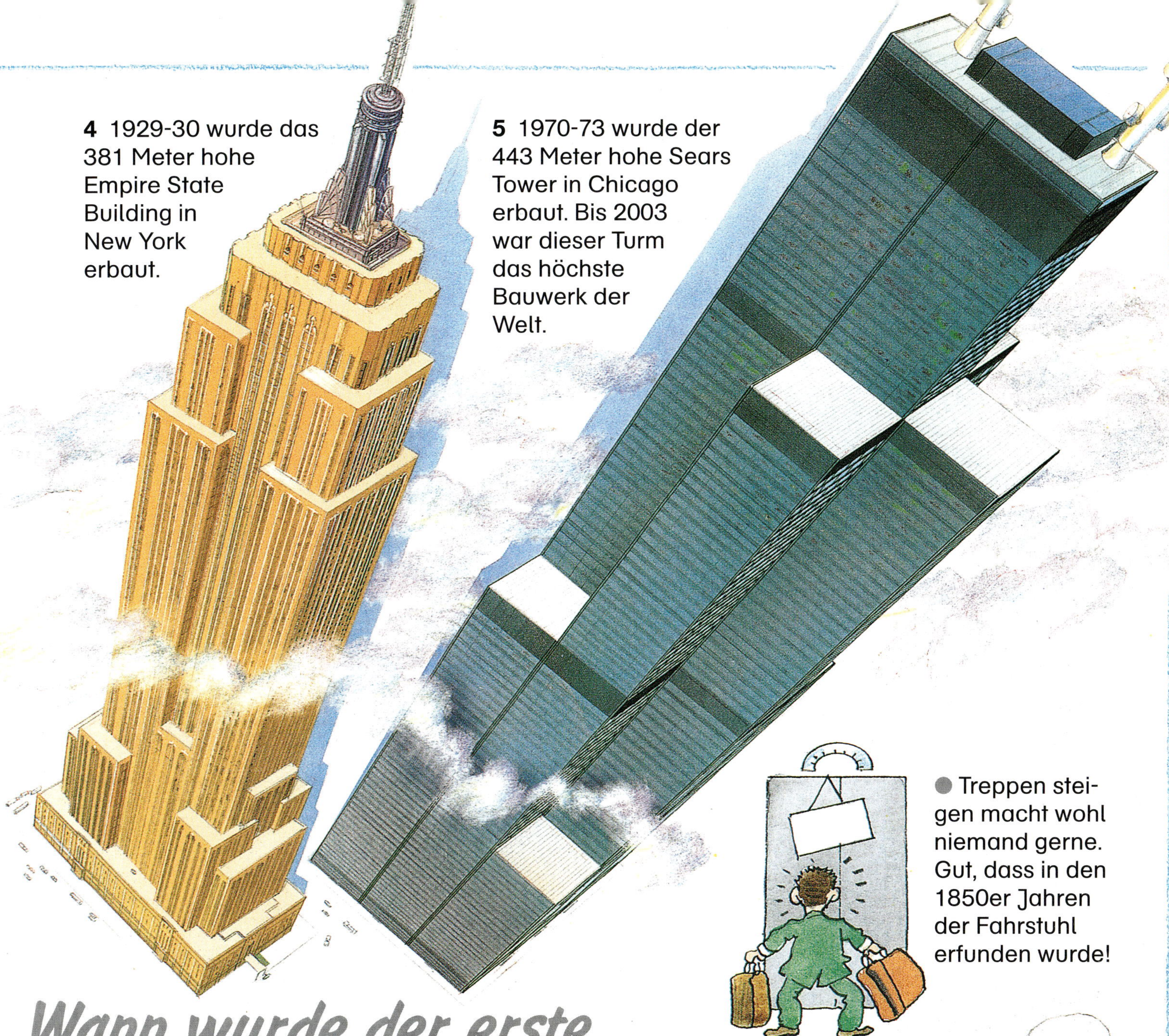

4 1929-30 wurde das 381 Meter hohe Empire State Building in New York erbaut.

5 1970-73 wurde der 443 Meter hohe Sears Tower in Chicago erbaut. Bis 2003 war dieser Turm das höchste Bauwerk der Welt.

● Treppen steigen macht wohl niemand gerne. Gut, dass in den 1850er Jahren der Fahrstuhl erfunden wurde!

Wann wurde der erste Wolkenkratzer gebaut?

1885 staunten die Menschen in Chicago, als sie den Bau eines zehnstöckigen Gebäudes verfolgen konnten – des ersten Wolkenkratzers der Welt. Jn den folgenden 15 Jahren lieferten sich Chicago und New York einen Wettkampf im Bau um das höchste Bauwerk.

Warum werden Gebäude abgerissen?

Wenn ein Gebäude zu alt ist oder so beschädigt, dass es eine Gefahr darstellt, reißt man es ab. Manchmal soll an gleicher Stelle ein größeres und besseres Gebäude entstehen. Um das alte dann schnellstmöglich zu beseitigen, wird es gesprengt.

● Die Sprengung selbst dauert nur wenige Sekunden, doch die Vorarbeiten für einen sicheren Ablauf dauern wesentlich länger! Experten müssen genau berechnen, wie viel Sprengstoff benötigt und an welchen Stellen er angebracht wird.

Wie wird ein Gebäude zertrümmert?

An einem Kran hängt eine riesige Metallkugel, eine so genannte Abrissbirne, und schwingt gegen die Wände. Mit zehn Tonnen wiegt sie so viel wie 14 Autos. Da bleibt kein Stein auf dem anderen!

- Wenn alles klar zur Sprengung ist, ertönt eine Warnpfeife oder Signalhupe!

- Kanadische Karate-Profis haben einmal ein sieben Zimmer großes Farmhaus mit bloßen Händen und Füßen in nur drei Stunden zertrümmert.

Wer räumt den Bauschutt weg?

Zuerst schieben Bulldozer, schwere Raupenfahrzeuge, den Bauschutt zu großen Haufen zusammen. Dann schaufeln Bagger den Schutt auf Kipplaster, die zum Abladen auf eine Sondermüllhalde fahren. Bis aller Bauschutt beseitigt ist, müssen sie ein paarmal hin - und herfahren.

Warum ist ein Tunnel rund?

Der Fräskopf der Tunnelbohrmaschine für den Eurotunnel besaß über 100 Schneidrollen und 200 scharfe Schneidzähne.

Ein Tunnel ist rund, weil Bohrer runde Löcher bohren! Selbst ein Tunnel, der mit einem Spaten gegraben wurde, hat ein gewölbtes Dach. Ein Gewölbe ist nämlich stabiler als eine ebene Fläche. Große Tunnel werden mit Tunnelbohrmaschinen gebohrt – gigantische Tiefbohrer, die sich ihren Weg in den Boden bahnen.

Der Eurotunnel zwischen Frankreich und England ist 50 Kilometer lang. Hätte man das ausgehobene Erdreich und Gestein zu einem Berg aufgehäuft, wäre der so hoch wie der Eiffelturm geworden.

Wie gräbt man durch harten Fels?

Selbst der stärkste Tunnelbohrer wird mit echtem Hartgestein nicht fertig. Dann müssen Tunnelbauer Sprengladungen einsetzen, um Stück für Stück zu durchbrechen.

● Tunnel sind nicht nur große unterirdische Verkehrswege für Auto und Eisenbahn. Es gibt auch kleinere Tunnel, durch die Stromkabel, Gas-, Wasser- oder Abwasserrohre führen.

Wie schnell gräbt ein Maulwurf?

Ein Maulwurf kann mit den Vorderpfoten fünfmal schneller graben als eine Tunnelbohrmaschine. Seine Tunnel sind aber viel kleiner. Nun rate mal, welchen Spitznamen eine Tunnelbohrmaschine hat? Maulwurf!

Wie werden Brücken gebaut?

Zunächst werden tiefe Fundamentlöcher ausgehoben, die man mit Metall und Beton auffüllt und dann so genannte Brückenpfeiler aufsetzt. Darauf hebt ein Kran die einzelnen Teile des Brückendachs. Zum Schluss wird der Straßenbelag oder die Schienenstränge aufgelegt.

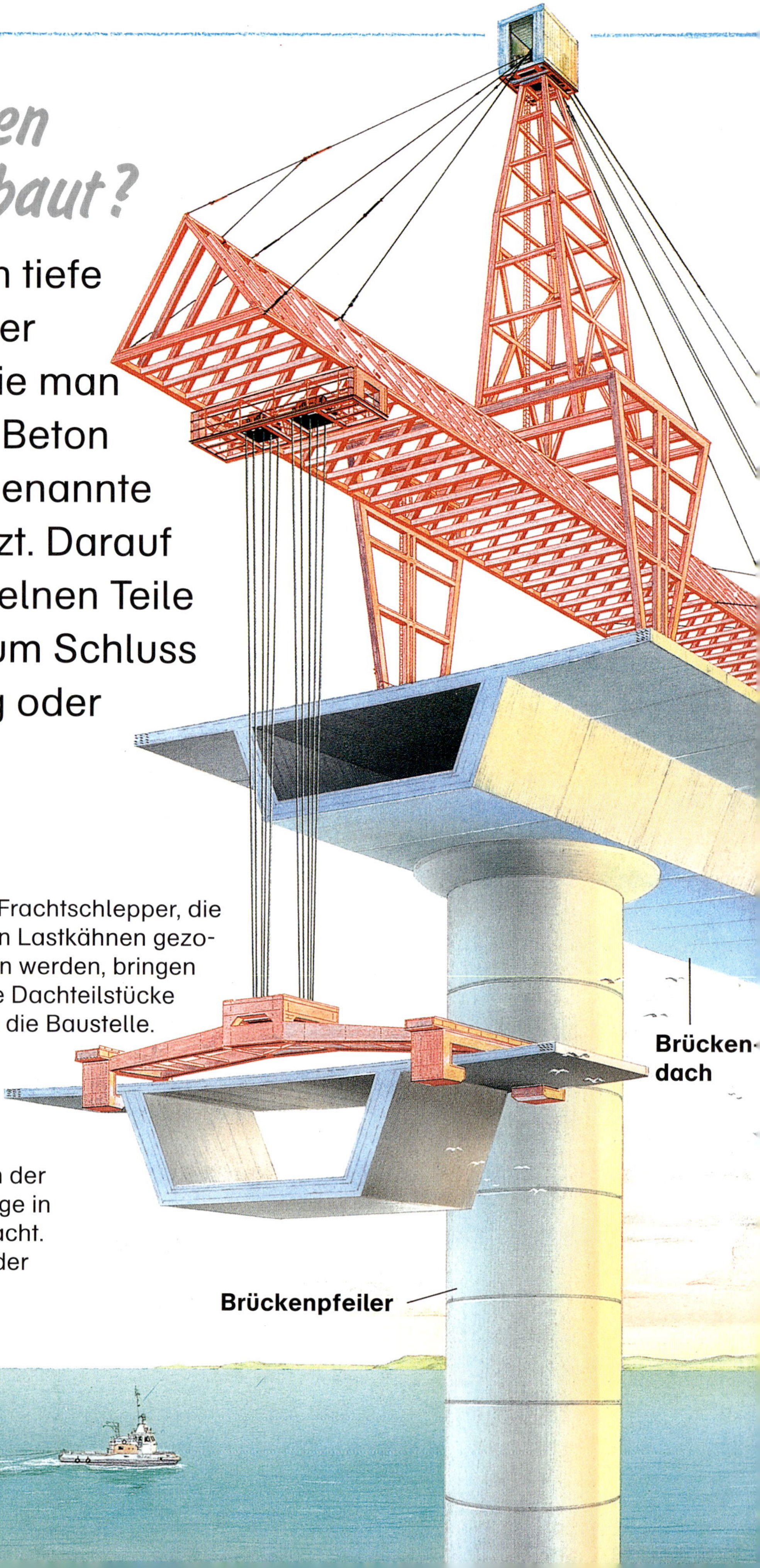

● Frachtschlepper, die von Lastkähnen gezogen werden, bringen die Dachteilstücke an die Baustelle.

● 29 Maler haben mit dem Streichen der 521 Meter langen Forth Railway Bridge in Schottland ganze drei Jahre zugebracht. Als sie fertig waren, mussten sie wieder von vorne anfangen!

Wenn Kriegerameisen Bodenspalten überqueren, bilden sie eine lebende Brücke, damit einer nach dem anderen darüber krabbeln kann.

Soldaten unterbrechen den Gleichschritt beim Überqueren einer Brücke. Sonst könnte sie unter der Wucht der Schwingung zusammenbrechen.

Schwanken Brücken im Wind?

Brücken biegen sich und schwanken über zwei bis drei Meter nach allen Seiten – aber keine Sorge, das muss so sein! Hingen sie völlig steif und unbewegt in der Luft, würden sie im starken Wind zerspringen!

Welches Gebäude hat ein Schiebedach?

Das Sportstadion Skydome in Toronto, Kanada, besitzt ein Dach, das sich bei schönem Wetter automatisch öffnet. Auf drei gigantischen Stahlführungen fährt das Dach dann zurück. Fängt es an zu regnen, geht es wieder zu – was allerdings 20 Minuten lang dauert. Vielleicht nimmst du besser doch den Regenschirm mit!

● Meeresfrüchte sind in Japan so beliebt, dass es in der Hafenstadt Kobe ein Restaurant gibt, das aussieht wie ein Fisch.

An welchem Bau ist innen außen?

Am Centre Pompidou in Paris hängt alles, was sich normalerweise im Jnneren eines Gebäudes befindet, an der Außenfassade: Fahrstühle, Treppen, Wasserrohre, Stromkabel, sogar die Toiletten. Als hingen deine Lungen, Muskeln und Adern aus deinem Körper!

● Jn Disney World in Florida, USA, steht ein Gebäude, das aussieht wie ein riesiger Golfball. Die Wände bestehen aus Hunderten von metallenen Dreiecken.

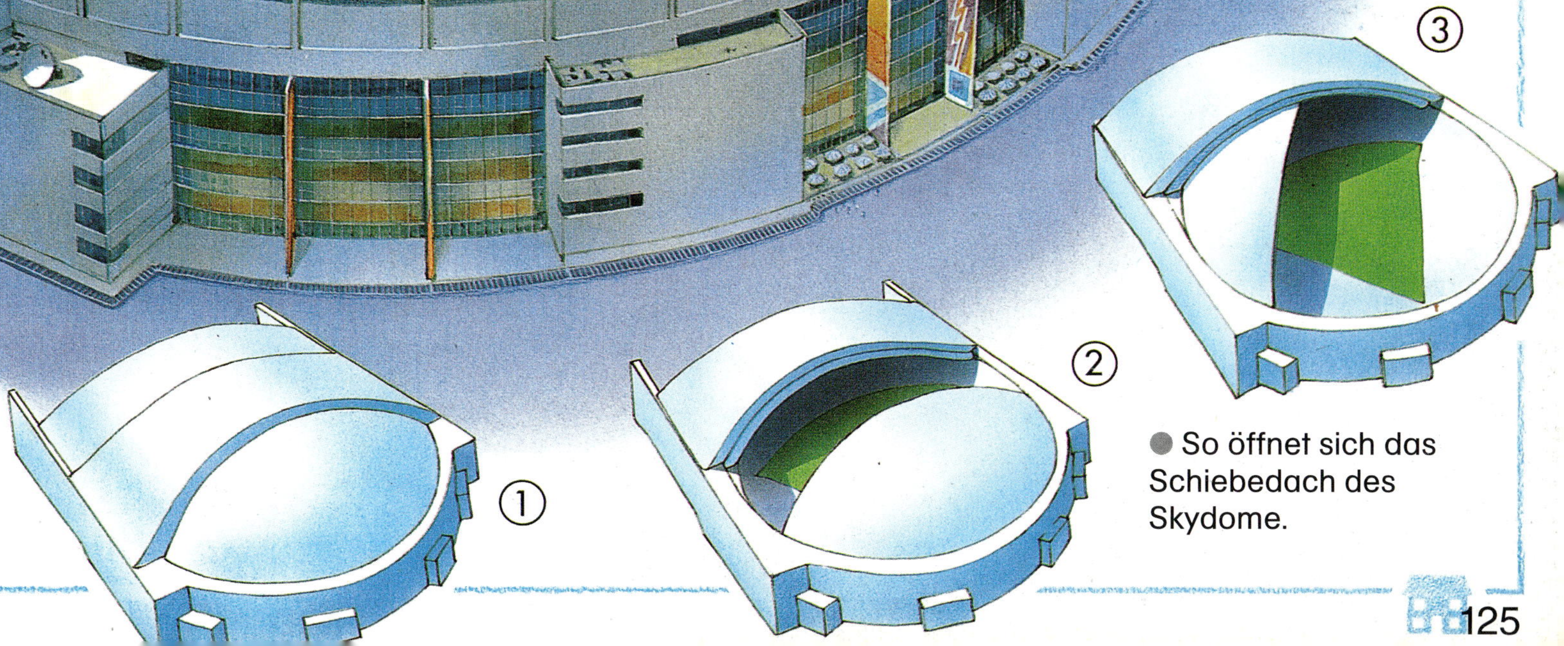

● So öffnet sich das Schiebedach des Skydome.

Krabbeltiere

Welche Krabbeltiere sind Riesen?

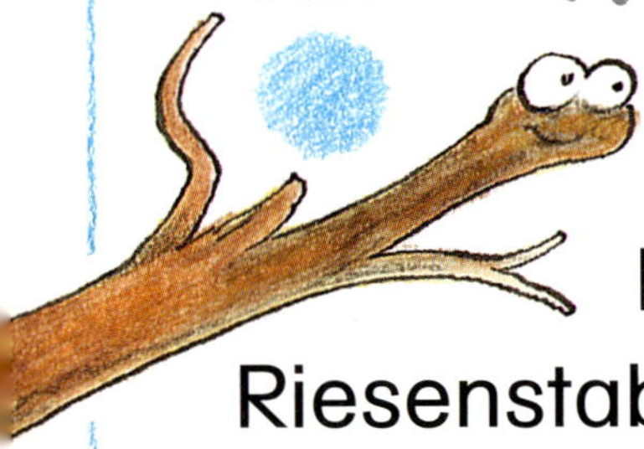

Mit 33 Zentimetern ist die Riesenstabschrecke das längste Jnsekt der Erde. Das Tier, das einem Ast ähnelt, fände gerade noch Platz auf den aufgeschlagenen Seiten dieses Buches!

● Ein Schwergewicht unter den Krabbeltieren ist der Goliathkäfer. Er wiegt so viel wie ein Hamster.

Goliathkäfer

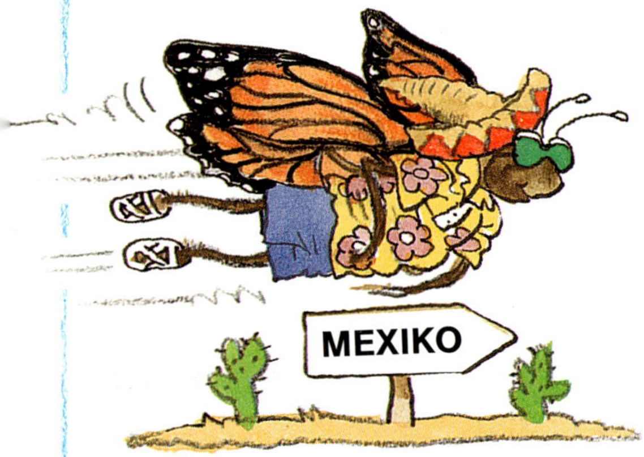

● Der zarte Monarchfalter hält den Rekord im Langstreckenflug. Jedes Jahr flattert er in Schwärmen 3500 Kilometer weit von Kanada nach Mexiko!

● Mit bis zu fünf Stundenkilometern sprintet die tropische Schabe schneller als jedes andere Jnsekt!

Riesenstabschrecke

Welche Krabbeltiere sieht man nur unter der Lupe?

● Noch vor den Dinosauriern schwebten auf der Erde gigantische Libellen durch die Lüfte. Einige waren groß wie Möwen!

Eine Erzwespe zu erkennen ist gar nicht so leicht. Sie wird nur so groß wie der Purikt am Ende dieses Satzes. Das Tier ist ein Schmarotzer. Es legt die winzigen Eier in anderen Jnsekteneiern ab.

● Der Atlasspinner hat von allen Krabbeltieren die größte Spannweite. Mit ausgebreiteten Flügeln passt er gerade noch auf einen großen Speiseteller!

Was ist ein Insekt?

Ein Jnsekt besitzt drei Beinpaare, insgesamt also sechs Beine. Sein Körper ist in drei Teile gegliedert: Kopf, Brust (Thorax) und Hinterleib (Abdomen).

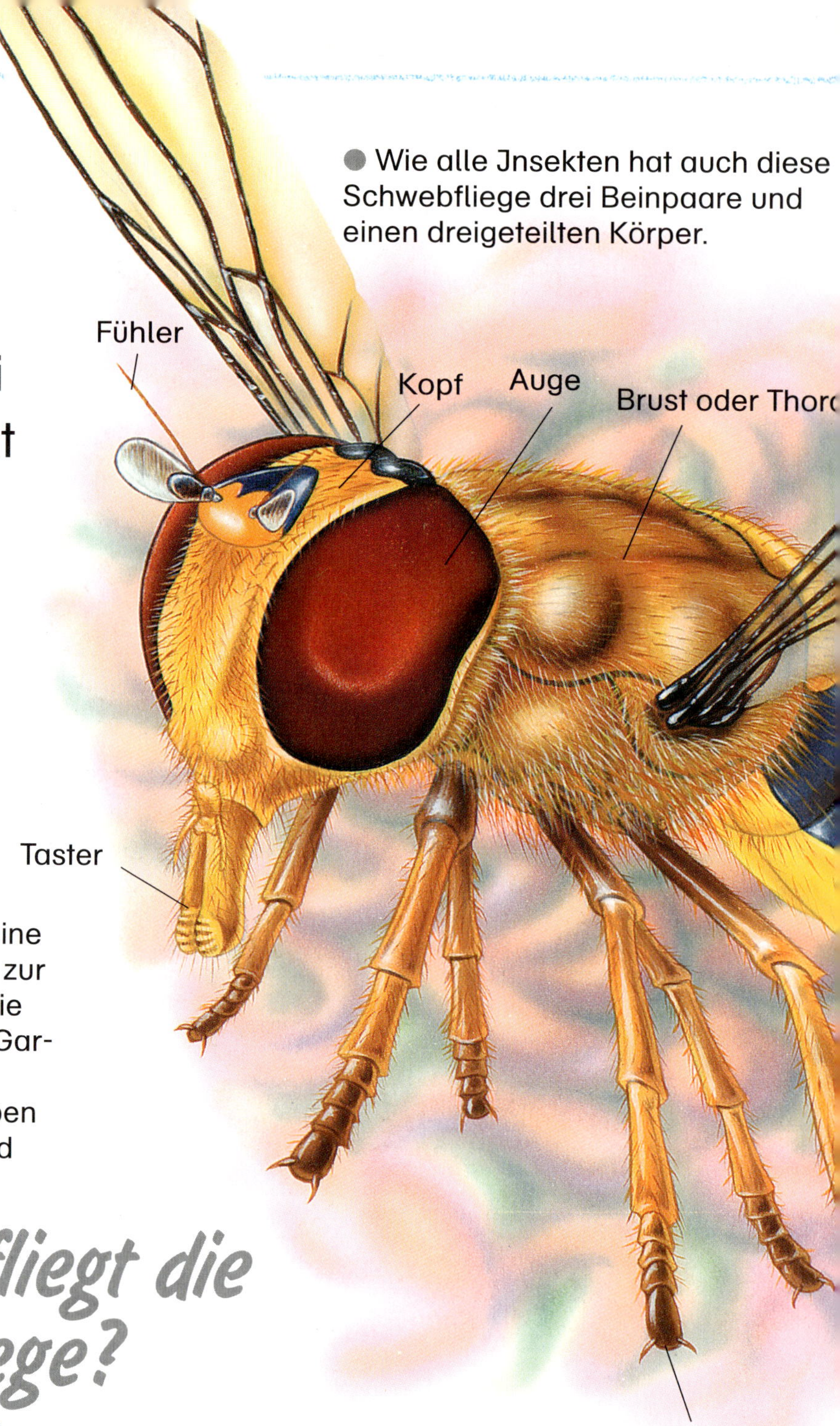

Wie alle Jnsekten hat auch diese Schwebfliege drei Beinpaare und einen dreigeteilten Körper.

Kellerasseln sind keine Jnsekten. Sie gehören zur gleichen Familie wie die Krebse, Hummer und Garnelen. Anders als ihre nahen Verwandten leben sie jedoch an Land und nicht im Wasser.

Womit fliegt die Echte Fliege?

Echte Fliegen wie die Stubenfliege haben nur ein Flügelpaar. Schmetterlinge, Libellen und Eintagsfliegen besitzen zwei Flügelpaare. Sie zählen nicht zu den Echten Fliegen.

Was ist eine Wanze?

Wanzen sind Jnsekten mit nadelförmigen Saugrüsseln. Damit machen sie den Weg zur Futterquelle frei und saugen die flüssige Nahrung wie durch einen Strohhalm auf.

● Bettwanzen sind die Vampire der Jnsektenwelt. Nachts, wenn die Menschen zu Bett gegangen sind, krabbeln sie unter den Kissen hervor und ernähren sich vom Blut der Schlafenden.

● Hundertfüßer haben zu viele Beine, um noch als Jnsekt zu gelten. Eine Art muss sich sogar auf 176 Beinpaaren fortbewegen!

Sind Spinnen Insekten?

Nein – denn eine Spinne hat acht Beine, zwei mehr als ein Jnsekt. Der Spinnenkörper ist außerdem nur in zwei Teile gegliedert, statt in drei. Kopf und Brust sind bei der Spinne verwachsen.

● Es gibt über eine Million Jnsektenarten – mehr als jede andere Tierklasse. Und noch immer entdecken die Forscher neue Arten!

Wieso spinnen die Spinnen?

Das klebrige Netz einer Spinne ist Haus und Speisekammer zugleich. Jnsekten, die ins Netz fliegen, bleiben darin hängen. Blitzschnell wickelt die Spinne ihre Beute mit weiteren Spinnfäden ein. Sie spritzt einen Verdauungssaft in das Opfer, der es verflüssigt, und saugt den nahrhaften Brei auf!

● Typische Spinnennetze sind die kunstvollen Radnetze der Gartenkreuzspinnen. Aber es gibt noch viele andere Spinnennetze.

Woher hat die Spinne den Spinnfaden?

Spinnen produzieren flüssige Seide in ihrem Körper, die sie als festen Faden aus den Spinnwarzen am Hinterleib ziehen.

● Ein Franzose wollte einst eine Spinnenzucht betreiben. Er gab die Jdee bald auf. Doch er schaffte es noch, ein paar Strümpfe und Handschuhe aus Spinnenseide herzustellen.

● Alle Spinnen spinnen Seide, aber nicht alle weben Netze. Die Speispinne wirft giftige Klebefäden über ihre Beute.

Welche Spinnen können fliegen?

Manche Jungspinnen spinnen einen langen Seidenfaden, sobald sie geschlüpft sind. An ihren Fäden hängend trägt der Wind die Spinnen oft viele hundert Kilometer durch die Luft. Die silbrigen Fäden nennt man Altweibersommer.

Wozu braucht ein Insekt seine Fühler?

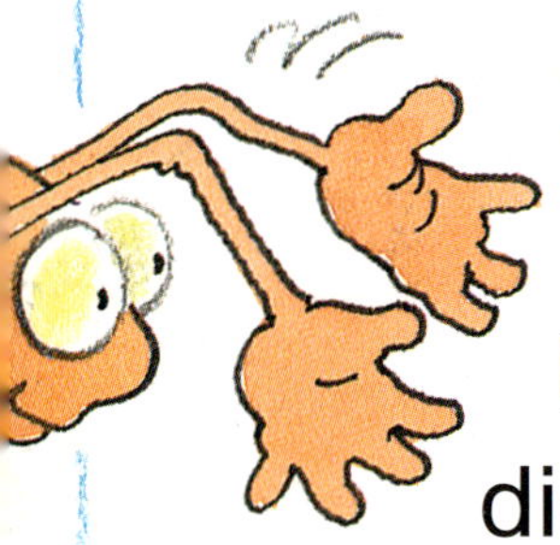

Jnsekten riechen und schmecken mit ihren Fühlern. Manche benutzen die Fühler auch wie Finger, mit denen sie Dinge prüfend abtasten.

- Die Fühler der männlichen Jnsekten sind meist größer als die der Weibchen. Jn der Paarungszeit können die Männchen damit ihre Artgenossinnen erschnüffeln.

- Die Fühler des männlichen Mondspinners sind lang und gefiedert. Damit kann er ein Weibchen noch über viele Kilometer hinweg riechen.

- Der Feldmaikäfer spreizt vor dem Flug seine gefiederten Fühler, um zu testen, aus welcher Richtung der Wind weht.

- Der Asiatische Laubholz-Bockkäfer hat nicht nur gestreifte Fühler, der ganze Körper ist blau und schwarz gemustert.

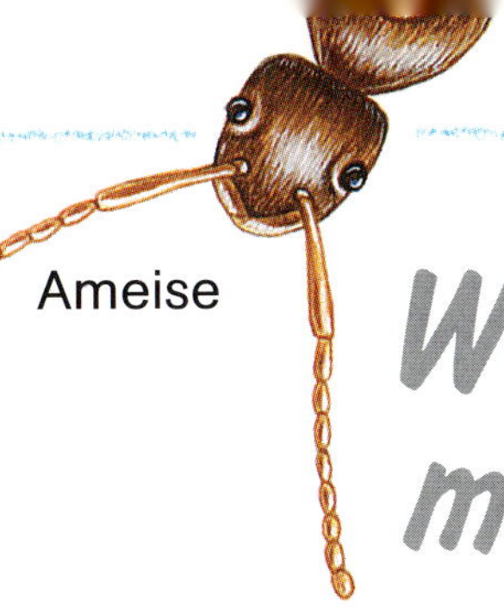

Ameise

Welches Insekt schmeckt mit den Füßen?

Die meisten Jnsekten schmecken mit dem Mund. Eine Honigbiene kann das auch mit ihren Füßen. Sie weiß also bereits bei der Landung auf einer Blüte, welches Menü sich ihr hier bietet.

● Trotz ihrer acht Augen sind Spinnen ziemlich kurzsichtig!

Welches Insekt hört mit den Beinen?

Die Langfühlerschrecke hört mit den Vorderbeinen. Natürlich sitzen dort keine Ohrmuscheln wie bei einem Menschen. Es sind vielmehr winzige Höhlen, über die eine Art „Trommelfell“ gespannt ist.

Wie wird aus der Raupe ein Schmetterling?

Jeder Schmetterling durchläuft vier Entwicklungsstufen, bevor er erwachsen ist. Jn jeder Phase wechselt er Größe, Form und Farbe.

● Viele Jnsektenarten ändern ihre Form, während sie wachsen. Diese Veränderung nennt man Metamorphose.

1 Ein Schmetterling legt seine Eier auf der Pflanze ab, die den Raupen später als Futter dient.

2 Die Raupen sind unersättlich und wachsen sehr schnell.

3 Schließlich spinnt jede Raupe eine feste Hülle um ihren Leib, die man Puppe nennt. Jn ihrem Jnneren beginnt sich der Körper der Raupe zu verändern.

● Junge Jnsekten, die aus dem Ei schlüpfen, nennt man Larven oder Maden.

● Raupen wachsen so schnell, dass ihre Haut platzt. Darunter tragen sie bereits eine neue, noch dehnbare Haut, die weiteres Wachstum erlaubt.

● Die Puppe schützt das Jnsekt wie eine verschlossene Schatzkiste, während es seine Körperform verändert.

● Manche Jnsekten ändern ihr Aussehen nur geringfügig, wenn sie heranwachsen. Eine gerade geschlüpfte Heuschrecke heißt Nymphe und sieht ihren Eltern bereits sehr ähnlich.

● Auch die Haut der Nymphe platzt, wenn sie größer wird. Sie bildet aber keinen Puppenkokon, sondern wächst langsam zu einem ausgewachsenen Jnsekt (Jmago) heran.

● Bis zu 50 000 Eier legt ein Schmetterlingsweibchen in ihrem kurzen Leben.

4 Aus der Raupe in der Puppe ist ein Schmetterling geworden. Er befreit sich mühsam aus seinem Kokon. Jm Sonnenlicht glätten sich die weichen, zerknitterten Flügel.

● Schmetterlinge brauchen keine feste Nahrung. Hin und wieder machen sie an einer Pflanze Halt und saugen Blütennektar als „Treibstoff" zum Fliegen.

Welche Insektenmutter ist die beste?

Das Weibchen des Ohrwurms behütet seine Eier einen ganzen Winter lang. Es leckt sie sauber und hält sie warm. Sind die Jungen geschlüpft, füttert die Mutter sie mit Nahrung, die sie hochwürgt.

● Eine Assel trägt ihren Nachwuchs wie ein Känguru in einem Beutel mit sich herum!

Wer wird in einem Krug ausgebrütet?

Die Lehmwespe formt aus Lehm winzige Brutkrüge, in die sie je ein Ei legt. Bevor sie die Öffnung verschließt, sperrt sie darin eine lebende Raupe ein. Schlüpft die junge Wespe, wartet bereits die erste Mahlzeit auf sie!

Welche Insekten sind Rabeneltern?

Die Kuckuckshummel hat die Brutpflege vollkommen verlernt. Sie schmuggelt ihre Eier daher in die Nester anderer Hummeln und verzehrt vorher noch deren Nachwuchs.

Eine Bienenkönigin legt über viele Wochen hinweg bis zu 35 000 Eier am Tag. Wen wundert es da, dass sie nur wenige Jahre alt wird!

Die Larven der Büschelmücken treiben auf kleinen Luftblasen im Wasser.

Die Wolfsspinne schleppt ihre Eier in einem Seidenkokon hinter sich her. Sind die Jungspinnen geschlüpft, klettern sie auf den Rücken der Mutter und reiten huckepack!

Welche Insekten tragen einen Panzer?

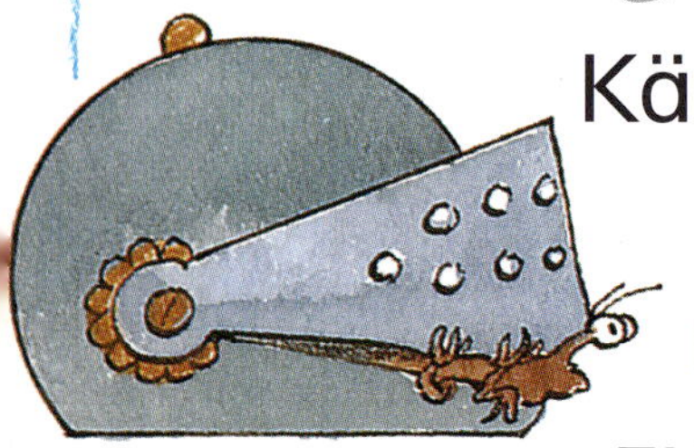

Käfer haben zwei Flügelpaare, aber sie benützen nur eines zum Flug. Die oberen Flügeldecken sind dick wie ein Panzer. Sie schützen die empfindlichen Flugflügel und den weichen Körper.

1 Krabbelt der Käfer über den Boden, sind seine Flügel unter harten, schimmernden Flügeldecken verborgen.

2 Setzt der Käfer zum Flug an, öffnet er die Flügeldecken und streckt die darunter liegenden Flügel aus.

● Woher der Giraffenrüssler seinen Namen hat, sieht man sofort: Sein Hals ist nämlich doppelt so lang wie sein Körper!

Welcher Käfer greift zur Waffe?

Nimm dich vor dem Bombardierkäfer in Acht! Er beschießt seine Feinde mit einem heißen Chemikaliencocktail und macht dabei ein Geräusch, als ob er ein kleines Gewehr abfeuert.

Wer ist Totengräber und Grabräuber zugleich?

Der Totengräber macht seinem Namen alle Ehre. Findet er ein totes Tier, höhlt er den Untergrund aus, bis das Tier ins Erdreich sinkt. Danach legt der Käfer seine Eier in den Körper des toten Tieres und schaufelt Erde darüber. Sind die Larven geschlüpft, finden sie eine gut gefüllte Speisekammer vor!

● Ähnlich wie Kinder Schneebälle für einen Schneemann rollen, formt der Pillendreher den Mist von Säugetieren. Die Kugel lässt er an einem sicheren Ort verschwinden, um sich später davon zu ernähren.

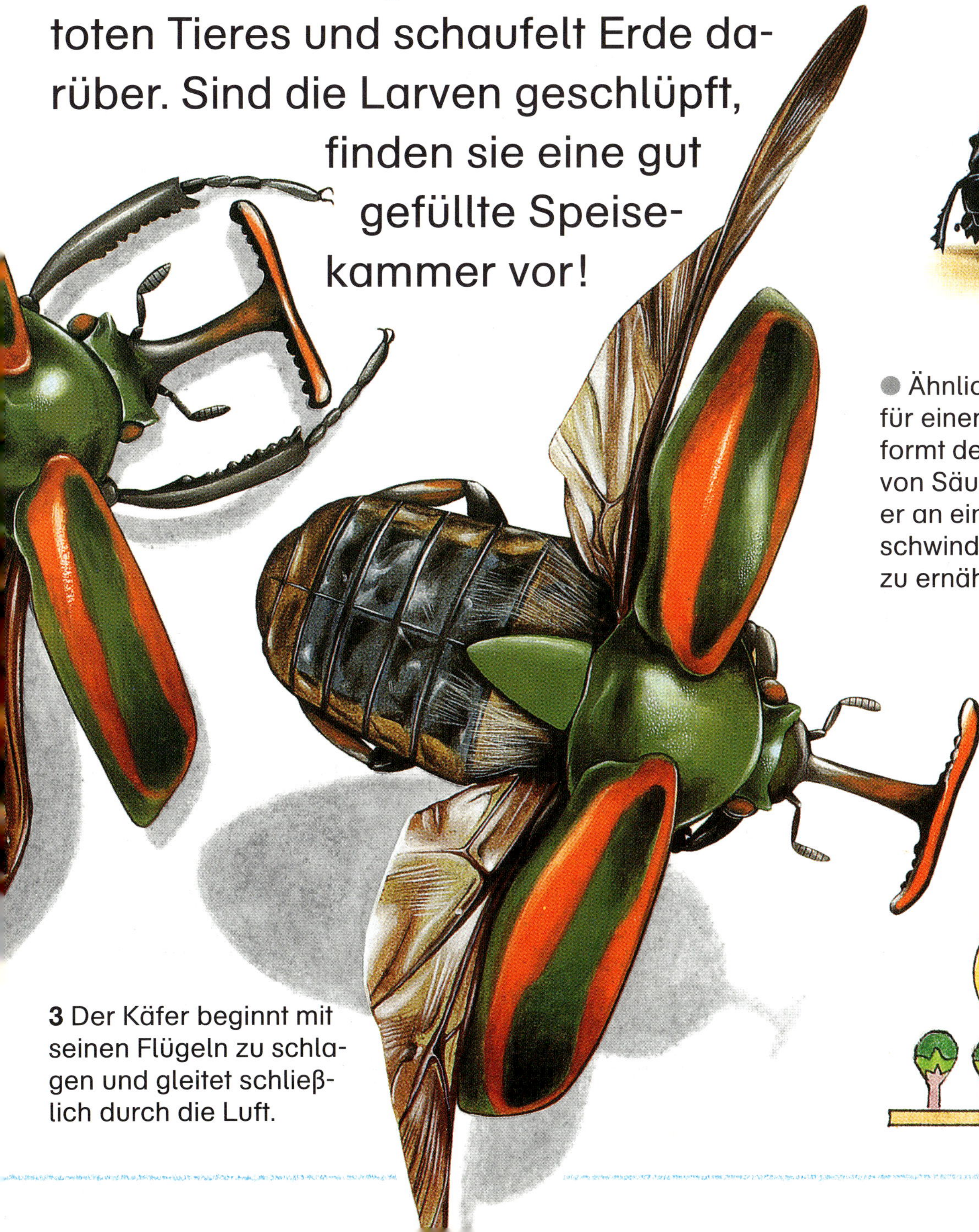

● Die alten Ägypter glaubten, dass ein riesiger Pillendreher die Sonne über den Horizont rollt.

3 Der Käfer beginnt mit seinen Flügeln zu schlagen und gleitet schließlich durch die Luft.

Warum torkeln Nachtfalter geblendet ins Licht?

Nachtfalter orientieren sich in der Dunkelheit am Mond und an den Sternen. Andere, grelle Lichtquellen verwirren sie nur. Sie umschwirren sie und stoßen sich daran.

Warum leuchtet das Glühwürmchen?

Ein leuchtendes Glühwürmchen ist meist auf Partnersuche. Das Licht hilft den Tieren in der Nacht den Weg zueinander zu finden.

● Das Weibchen des nordamerikanischen Leuchtkäfers ist eine Schwindlerin. Sie sendet die Lichtsignale einer verwandten Art aus, lockt damit deren Männchen an und frisst sie!

Können Heuschrecken Geige spielen?

Der Grashüpfer musiziert auf seinem Körper wie auf einer Geige. Wie ein Geigenbogen streicht er mit den Hinterbeinen gegen seine Flügel und erzeugt dabei ein lautes Zirpen. Viele Grashüpfer bilden ein kleines Orchester!

- Pochkäfer knabbern sich gern durch hölzerne Bodendielen. Sie locken ihre Partner durch das klopfende Geräusch ihrer Kiefer an. Früher glaubte man, dieses seltsame Klopfen sei ein Vorzeichen für den baldigen Tod eines Hausbewohners.

Warum summt eine Mücke?

Mückenweibchen schlagen ihre Flügel bis zu 1 000 Mal pro Sekunde auf und ab. Dabei entsteht ein Summton, der die Männchen anlockt. Die Menschen holen beim Summen einer Mücke allerdings höchstens den Mückenspray!

- Das lauteste Jnsekt der Welt ist die Zikade. Jhr Zirpen ist noch in 500 Metern Entfernung, also über fünf Fußballfelder hinweg, deutlich zu hören.

Wieso leben Honigbienen im Bienenstock?

Wilde Bienenvölker lassen sich in Baum- oder Felshöhlen nieder. Etwas bequemer leben die Völker in den Bienenstöcken der Menschen. Dadurch kann auch der Jmker den Honig leichter gewinnen, als wenn er auf Bäume klettern muss!

● Wenn er den Bienenstock öffnet, trägt der Jmker einen speziellen Anzug mit Handschuhen und einem Gesichtsschutz, um sich vor Bienenstichen zu schützen.

Warum tanzt die Honigbiene?

Findet eine Honigbiene einen guten Futterplatz, fliegt sie in den Stock zurück und „erzählt" ihren Artgenossen das durch einen Kreistanz. Die Richtung, in die der Körper zeigt, und die Schwänzelbewegungen weisen den anderen Bienen den Weg.

● Bienen haben nicht nur Bürstenhärchen, sondern auch einen Kamm an den Vorderbeinen. Sie säubern damit ihre Fühler.

● Blütennektar für den Honig zu sammeln ist Schwerstarbeit. Für ein Glas Honig müsste eine Biene zehn Millionen Mal ausfliegen!

Warum tragen Bienen Bürsten und Höschen?

An den Hinterbeinen der Honigbiene kleben so genannte Pollenhöschen. Landet sie auf einer Blume, fegt sie den klebrigen Blütenstaub (Pollen) mit den Bürstenhärchen zu einem „Höschen“ zusammen. Mit dem Pollen werden die jungen Bienen gefüttert.

● Bären sind Honigräuber. Jhr dickes Fell schützt sie vor den Bienenstichen. Nur die Nase ist nicht bienensicher!

● Nicht alle Bienen leben in Stöcken. Viele Bienen leben einzeln in Löchern und Höhlen.

Welche Ameise näht sich ihr Haus?

Die Weberameise baut sich ihr Haus aus Blättern, die sie geschickt wie ein Zelt zusammennäht. Als Nadel und Faden dienen ihr die eigenen Larven! Jede Ameise hat eine Made im Maul und sticht damit durch die Ränder zweier Blätter. Die Made scheidet einen klebrigen Seidenfaden aus, der die Blätter fest verwebt.

Wer wohnt unter einer Falltür?

Die Tür zur Höhle der Falltürspinne hängt an einer seidenen Türangel und lässt sich auf- und zuklappen. Kommt ein Jnsekt in Reichweite, reißt die lauernde Spinne die Falltür auf und stürzt sich auf ihre Beute.

● Viele Krabbeltiere wie Ameisen, Spinnen, Motten, Hundertfüßer und Stubenfliegen machen es sich auch bei uns zu Hause bequem.

Wer lebt in einem Papiernest?

Das Nest der Feldwespe hat Wände aus dünnem Papier. Für den Nestbau zerkaut sie Holzfasern von Bäumen oder alten Zaunpfosten zu einem Papierbrei, den sie in hauchdünnen Schichten ausbreitet.

● Die Raupe des Ringelspinners webt ein Schatten spendendes Verdeck, um ungestört darunter zu fressen.

● Termiten sind meisterhafte Architekten. Sie errichten Erdbauten, die viermal so hoch sind wie ein Mensch. Den Platz können sie gebrauchen, denn im Jnneren dieser Bauten leben bis zu fünf Millionen Termiten!

Gibt es auch Libellen unter der Wasseroberfläche?

Ja! Junge Libellen, die man auch Nymphen nennt, können noch nicht fliegen. Sie leben ein bis zwei Jahre in Tümpeln oder Bächen und wachsen dort heran.

3 Libellen schimmern in allen Farben. Mit glasklaren, durchscheinenden Flügeln segeln sie pfeilschnell über die Wasseroberfläche.

2 Ist die Nymphe voll entwickelt, klettert sie an einem Halm aus dem Wasser. Ihre Haut platzt auf und eine Libelle krabbelt aus der alten Hülle.

1 Libellennymphen sind unerbittliche Jäger, die sich über alles hermachen, was sich bewegt.

Welcher Käfer ist Rückenschwimmer?

Er heißt Rückenschwimmer. Er rudert mit den Hinterbeinen knapp unter der Wasseroberfläche dahin und liegt dabei immer auf dem Rücken. Offenbar liebt er den Blick zum Himmel.

● Die Listspinne ist eine begeisterte Anglerin. Sie lässt ihre Beine als Köder im Wasser baumeln. Beißt ein kleiner Fisch an, packt sie blitzschnell zu!

● Die Larven des Gelbrandkäfers heißen auf Englisch Wassertiger. Sie können es sogar mit einem Fisch aufnehmen!

● Die Wasserspinne wohnt in einem Unterwasserzelt aus Seide. Sie zurrt es mit Haltefäden fest, damit die Strömung es nicht wegtreibt.

Welches Insekt tarnt sich als Blume?

Eine Blumenmantis ist nicht nur rosa wie eine Blume, Teile ihres Körpers sehen auch genauso aus wie Blütenblätter. Wehe dem Jnsekt, dass sich auf dieser „Blume“ niederlässt! Es wird verspeist.

● Die Buckelzirpe ist ein winziges Jnsekt mit einer perfekten Tarnung. Wenn sie auf einem Ast sitzt, erinnert ihr großer Rückenstachel an einen leblosen Dorn.

● Will sich ein Vogel über das Tagpfauenauge hermachen, bekommt der Angreifer einen gehörigen Schreck: Die Zeichnung auf den Flügeln des Schmetterlings ähnelt zwei Augen, die den Vogel grimmig anzustarren scheinen.

Welches Insekt kommt als Blatt daher?

Das so genannte Wandelnde Blatt hat sich als Schutz vor Feinden seiner Umgebung angepasst. Über seinen grünen, blattartigen Körper ziehen sich sogar Linien in der Form echter Blattadern.

● Die gelben und schwarzen Streifen einer Wespe warnen: „Achtung! Jch steche!“ Schwebfliegen stechen zwar nicht, sehen in ihrem Wespendesign aber ganz danach aus.

Welches Insekt hat einen Po zum Fürchten?

Der Oleanderschwärmer wackelt mit dem Hinterteil, um seine Feinde loszuwerden. Sein hinteres Ende sieht nämlich wie eine Fratze mit zwei hellen Augen aus. Da überlegt es sich ein Vogel zweimal, ob er wirklich angreifen soll!

Bei wem sitzt das Gift im Schwanz?

Ein angreifender Skorpion wölbt den Schwanz über seinen Rücken nach vorne, bohrt seinen Stachel in das Opfer und spritzt Gift in dessen Körper.

Welcher Tod krabbelt auf acht Beinen?

Der Biss einer Spinne ist zwar oft schmerzhaft, aber selten gefährlich. Eine Ausnahme ist die berüchtigte Schwarze Witwe, deren Gift auch Menschen töten kann. Die Spinne verspeist übrigens nach der Paarung ihr Männchen!

Das Gift einer Schwarzen Witwe ist 15-mal tödlicher als das einer Klapperschlange.

Wer bringt Millionen Menschen Krankheit und Tod?

Jn zahlreichen tropischen Ländern übertragen Stechmücken tödliche Krankheiten wie etwa die Malaria. Mehr als 200 Millionen Menschen erkranken jedes Jahr an der Malaria; mehr als eine Million stirbt daran.

● Bei einem Spinnenbiss hat man gute Chancen auf Heilung, wenn man weiß, um welche Art es sich handelt. Also lieber erst hinschauen, bevor man zur Notaufnahme eilt!

Welches Heer marschiert auf 120 Millionen Beinen?

Ein Volk der Wanderameisen kann aus bis zu 20 Millionen Jnsekten bestehen. Diese Ameisen haben kein festes Nest. Sie sind immer unterwegs und fressen alles, was ihnen nicht schnell genug ausweicht – unter Umständen sogar Menschen!

Wozu braucht der Mensch die Krabbeltiere?

Die meisten Krabbeltiere sind ungefährlich. Manche sind uns Menschen sogar recht nützlich. Sie unterstützen uns beim Anbau von Obst und Getreide, halten die Umwelt sauber und beschenken uns mit Seide und Honig.

● Jnsektenforscher heißen Entomologen. Sie untersuchen Jnsekten in allen Teilen der Erde und versuchen die Artenvielfalt zu bewahren.

● Hast du vielleicht Appetit auf eine geröstete Heuschrecke? Jn manchen Teilen der Welt werden Heuschrecken, Käfer und Raupen als schmackhafte Leckerbissen serviert.

● Ähnlich einer kleinen Müllabfuhr beseitigen Jnsekten so Unappetitliches wie Mist und Aas aus unserer Umwelt.

● Heuschrecken sind eine wahre Plage. Sie richten in kurzer Zeit mehr Unheil an als jedes andere Jnsekt. Gewaltige Heuschreckenschwärme fressen in wenigen Minuten Getreidefelder kahl und vernichten die Ernte eines Jahres.

● Marienkäfer sind die Lieblinge der Gärtner. Sie vertilgen mit großem Appetit Pflanzenschädlinge wie Raupen und Blattläuse.

● Nirgendwo auf dieser Erde ist die Jnsektenvielfalt so groß wie in den Regenwäldern.

Haben Krabbeltiere auch einen Nutzen von uns?

Viele Krabbeltiere suchen unsere Nähe. Jn unseren Häusern finden sie Futter, Wärme und Schutz. Andere Arten leiden wiederum unter den Menschen, die ihren Lebensraum zerstören.

Register

A

B

C

D

E

F

G

H

I

J

K

L

M

N

O

P

Q

R

S

T

U

V

W

X

Z